# 语文课堂审美研究

吴　澂／著

吉林文史出版社

**图书在版编目（CIP）数据**

语文课堂审美研究 / 吴溦著 . -- 长春 ：吉林文史
出版社，2021.4
ISBN 978-7-5472-7670-9

Ⅰ．①语⋯ Ⅱ．①吴⋯ Ⅲ．①中学语文课－课堂教学
－教学研究－初中 Ⅳ．①G633.302

中国版本图书馆 CIP 数据核字（2021）第 056730 号

## 语文课堂审美研究

| | | |
|---|---|---|
| 作　　者 | 吴　溦 | |
| 出 版 人 | 张　强 | |
| 责任编辑 | 陈春燕 | |
| 装帧设计 | 杨　哲 | |
| 出版发行 | 吉林文史出版社 | |
| 地　　址 | 长春市净月区福祉大路5788号出版大厦 | |
| 印　　刷 | 吉林省优视印务有限公司 | |
| 开　　本 | 880mm×1230mm　32开 | |
| 印　　张 | 5 | |
| 字　　数 | 102千 | |
| 版　　次 | 2021年4月第1版 | |
| 印　　次 | 2021年4月第1次印刷 | |
| 书　　号 | ISBN 978-7-5472-7670-9 | |
| 定　　价 | 45.00元 | |

# 前　言

　　语文阅读教学中的审美教育，是以美育的观点审视和引导阅读教学全过程的教育。它能使学生陶冶情操、净化灵魂，获得健康的审美情趣、崇高优美的感情、丰富的文化知识、修养，形成正确的审美观、人生观，从而提高审美素质，最终达到至真至善至美的状态。

　　审美教育是通过语文学科教育活动进行美的教育，教育学生怎样感知、理解、鉴赏、评价美，进行美的创造，树立正确的审美观，培养健康的审美情趣，形成崇高的审美理想。审美教育是实施素质教育的重要内容，是学生阶段贯彻审美教育的重要渠道。在语文教学中加强审美教育，是培养全面发展的合格人才的需要。语文课程应关注学生情感的发展，让学生受到美的熏陶，培养自觉的审美意识和高尚的审美情趣，培养审美感知和审美创造的能力。审美教育与语文有质的统一性，二者相互依存，互为条件，语文教学的过程应该贯穿审美教育，审美教育也可以通过语文教学得以体现。

　　本书针对语文阅读教学中审美教育的现状、成因，从阅读教学与审美教育的内在联系，语文阅读教学中审美教育的特点、途径、注意事项这些层面来探讨其有效地实施策略。本书认为在阅读教学实践中应挖掘教材中一切美的因素，通过创设审美情境，引导审美心理，重视诵读、融入情感、挥斥想象、揣摩语言、感悟形象等手段来感知美、鉴赏美、创造美，从而让学生在阅读中接受审美教育，提高审美情趣。

本书针对语文审美教育的必要性和可行性，语文审美教育的实施策略，语文审美教育中存在的问题及对策进行了阐述。同时针对上述问题，从教材、阅读教学、作文教学和教师四个方面探讨语文教学实施审美教育的途径和方法。本书认为应充分挖掘语文教材中的自然美、社会美、人物形象美和意境美的审美因素，引领学生去感知美。教师在阅读教学中应善于挖掘课文的美点，运用各种教学手段和方法指导学生鉴赏美，启发学生再现作品的意境，进而想象美，从而在作文教学中创造美。从感知美到鉴赏美再到创造美，循序渐进地提高学生的语文素养，同时塑造学生完美的人格，健康的审美心理和较高的审美能力。

以下是即将阐述的内容解析：第一部分通过审美教育的内涵和基本特征对审美教育做论述；第二部分从语文教学可以提高学生审美判断能力、有利于培养学生的审美情感、有利于促进培养学生追求美的能力，这三方面着重阐述语文教学中实施审美教育的作用；第三部分为本书重点，从阅读和作文两大部分论述审美教育在语文教学中的探索与实践。阅读教学中从文本内容、文本形式、文本风格几方面来进行审美教育，并以引导学生入境、感想、品味、入情为审美教育的途径；在作文教学中进行审美教育的探索与实践则教会学生认识美、发现美、感受美；引导学生在作文构思中呈现思维之美；让学生在作文写作中呈现出主题之美；

在作文外在表现中体现出形式之美来阐述。

语文教学是教师以课本为载体指导学生学习祖国语言文学的教育活动,汉语作为记载祖国语言的文字,它必然不仅仅是一种交际工具,更是记载着中华民族 5000 年的智慧,5000 年的文明,5000 年的演变,5000 年的悠久历史。俄罗斯教育科学的奠基人马申斯基说:"在民族语言明亮而透彻的深处,不但反映着祖国的自然,而且反映着民族精神生活的全部历史。人们一代跟着一代,把各种深刻而热烈的运动的结果、历史事件的结果、信仰、见解、生活中的忧患和欢乐的痕迹,全部积累在本民族的宝库里"。总之,其内容是指一个民族把自己全部精神的生活痕迹都珍藏在民族的语言里。从这个意义上说,语文教学不仅是一门训练听说读写能力的学科教学,更肩负着对学生进行审美教育、思想教育、道德教育的重任。这就要求语文教师在实施智育的过程中,同时必须兼顾以上三种教育。《九年义务教育全日制初级中学语文教学大纲》明确规定:"在教学过程中,开阔学生的视野,发展学生的智力,激发学生热爱祖国的语文的感情,培养健康高尚的审美情趣,培养社会主义思想品质和爱国精神。"

语文教学在传授语文知识、训练语文技能的同时,也在潜移默化中对学生进行着思想道德教育,有助于学生养成遵纪守法、明辨是非、乐于助人、弘扬正义等优良品质,这一点历来被人们所重视,但审美教育在语文教学中的重要作用,却往往被人们所忽视,我国著名教育家蔡元培说:"美育者,应用美学之理论于教育，以陶冶感情为目的者也，无不于智育作用中，含有美育之元素。"近代德国伟大的思想家、作家席勒在《美育书简》说"感性的人只有经过审美最终才能成为道德的人。"可见，智育、德育的实施和取得语文教学的良好的效果离不开审美教育的有效配合，审美教育在语文教学中有着不可忽视的重要地位。但是审视我们的语文教学，其审美教育严重缺失。目前，我们的语文教学观念陈旧，教学方法单一，课堂教学以教师讲为主，一言堂，满堂灌。教师上课就是把教参上的内容照本宣科，忽视以学生为主体，培养学生的人文素质。语文教学中普遍存在着"肢解法"，把一篇文质兼美，声情并茂的文学作品按照结构、中心、时代背景、人物形象、写作特点，肢解成许多问题，使其支离破碎。考什么，教什么，练什么，是语文教学内容的主要标准，特别是毕业班的语文教学，题海战术似乎是提高语文教学质量的唯一法宝，这种功利性极强的语文教学不但不能提高学生的语文水平，而且扼杀了学生的想象力、创造力，影响了学生审美素质的养成、审美能力的提高。

语文教学的现状令人担忧，要改变这种现状，其中之一就是必须在语文教学中贯彻审美教育。审美教育即美育，就是培养学生感受美、理解美、欣赏美、创造美的教育过程，是逐步提高学生审美意识、培养审美情趣、提高审美能力，形成正确健康向上的审美观点的过程。在语文教学中贯彻审美教育，就是指导学生运用美的知识、美的规律去认识、辨别、欣赏、理解、评价教材的自然美、社会美、艺术美，逐步形成正确的审美观点，不断提高学生的审美能力，培养学生健康的审美理想。在语文教学中贯穿审美教育，就是将教学规律和审美规律高度结合，将美学理论渗透在语文教学的活动中。在语文教学中渗透审美教育，有利于提高学生学习语文的积极性和主动性，激起学习语文的兴趣，有利于学生养成良好的道德品质，增强明辨美丑的能力，成为有着高尚情操的一代新人。

在当代，有很多有识之士早就认识到在语文教学中实施审美教育的重要性和必要性，他们的理论和经验是一笔宝贵的财富。由于应试教育的机制还没有完全打破，本书拟在前人的基础上，在有限的范围内做一些审美教育的理论探讨的尝试。

# 目　录

# 第 1 章　语文阅读中审美教育的概述

## 1.1　审美教育的含义

审美教育以特定时代的审美观为依据，以形象为手段，以情感为核心，以实现人的全面发展为宗旨，是实现素质教育的有效途径，它有着悠久的历史。美育这一概念与学科，是德国诗人、美学家席勒于 18 世纪末首先提出和建立的。在他看来，美育的目的在于"培养我们感性和精神力量的整体达到尽可能和谐。"美育以艺术和各种美的形态作为具体的媒介，通过展示审美对象丰富的价值意味，直接作用于人的感性、情感等层面，影响着人的情感、趣味、气质、性格、胸襟，以保持人自身的精神平衡、和谐与健康，使人的感性与理性相通，进而促进感性与理性地协调发展。所以美育具有塑造完整人格和素质教育的人文性和应用性的作用，任何以培养全面发展的个性为目标的教育都不可缺少审美这种特殊的过程和行为。

从人类早期教育的发展史看，古希腊罗马时代开设的哲学、艺术、语言修辞、历史、数学、健美体育等科目；中国先秦时代所倡导的六艺：礼、乐、射、御、书、数都体现出对人的综合素质与完整人格的塑造与培育，并十分重视艺术教育对人的发展的促进作用，其实质在于通过对人的感知、想象、情感、思维、表达、操作与体力等素质的锻炼与培养，造就健全而典范的人格主体。

"五四运动"前后，我国著名学者王国维、蔡元培等曾积极传播西方美育思想。1906 年王国维在《论教育之宗旨》中指出"完全之人不可不备真善美之三德，欲达此理，教育之事一分为三部：智育、德育（即意志）、美育（即情育）是也。"蔡元培不仅在理论上对美育进行了全面、系统地探讨，而且还积极地付诸实践。1912 年当他出任民国政府第一任教育总长时，为着手推动教育改革，把美育规定为教育方针的内容之一。此外他还创办语文、美术的专门学校，开设美学课程，聘请教师，甚至亲自授课。1917 年，蔡元培出任北大校长，在当时新形势的推动下，提出了以美育代宗教的主张，鲜明地显现了其美育思想的民主主义色彩。现如今，实现审美教育已成为教育工作者努力追求的最高境界，是教育教学中不可缺少的体系，发挥着不可替代的作用。

审美教育要借助于自然美以及社会美和艺术美为手段，采用审美的方式（精神上的陶冶与感染），潜移默化地作用于人，它以形象为基础，是审美对象在形式与情感上的相互契合。由于语文阅读教学处处充满美的形态，时时需用情感体悟作品，即它与审美教育有着天然的内在联系，因而语文阅读教学中的审美教育自然就有了独特之处。

### 1.1.1　情感性

情感是文学作品的生命，我国传统的诗论、词论推崇的"沉郁"风格，就是主张诗词要循着情感的流动，写得深沉、错落有致，以唤起读者内心深处的共鸣。克莱夫·贝尔说："一切审美方式的起点必须是对某种特殊感情的亲身感受。"可见，情感性是语文阅读中的审美教育不可缺少的一部分。大凡优秀的作品一往都渗透了作者强烈的思想感情，例如《背影》的父子情、《风筝》的手足情、《过零丁洋》的爱国情等等。语文培养审美素养的以情动人，就是凭借这些强烈的思想感情，运用饱含感情的语言，对学生进行情感的熏陶，以引起学生情感上的感动和撼动。学生阅读作品时最容易产生的一种情感共鸣是"表同作用"，即学生把自己比拟成作品中的人物，分享他们胜利的欢乐和成功的喜悦，或者感受他们的悲哀与伤感。

语文阅读活动中的美感交流即表现为师生的情感交流，教师要把课上得声情并茂则必须选准动情点，以情激情、满怀激情的启发、提问、讲述、剖析，以此增强学生的语文感受能力。语文教师应以自己的文学修养、智慧与情感去趋近、贴合文章，发掘文章的美，进入情境。然后，按照入情——动情——析情——移情的情感传递轨迹打动学生的审美"琴弦"，激起他们对阅读的浓厚兴味，自然地进入审美境界，进行充分地欣赏。这种情感的激发将使学生在内心深处形成一个心物交感、情景交融的意象世界，从而达到与作者在心灵上的契合与情感上的共鸣，即以情动人。审美是一种富有情感的精神活动，审美过程是一个始终伴随着情感体验与交流的过程，美的发现会激起学生学习语文的欲望和热情，从而使阅读教学达到事半功倍的效果。中华文化博大精深，无论小说、诗词、散文还是戏剧，都蕴含了无限的审美底蕴，表现出深厚的情感。教师激活处于睡眠状态的潜在的艺术世界，才能使学生有美可寻。在教学中，教师对文章的审美愉悦，会以各种形式表露出来，从而对学生产生强烈的审美感染力。

人们阅读优秀的文学作品时，往往为其所感动、所倾倒，这就是说包括文学作品在内的艺术品是可以唤起人们审美的愉悦感情的。人们怀着浓郁的兴趣去欣赏文学作品时并不是为了满足一种基本的生理需求，而是为了满足一种精神上的追求，得到精神上的愉悦。语文美育就是要利用教材中丰富的美的因素，引导学生发现语文中的思想情操美、理想境界美、艺术形象美、文章结构美、语言形式美、谋篇布局美、风格情调美等。

### 1.1.2 形象性

语文美育的一个显著特征即在于它审美的形象性，人们的感情总是被生动的形象所引起，而不是被一般的概念所引起的。语文审美活动实际上是对艺术形象的一种认识，这种认识不是抽象的、概念的认识，而是具体形象的认识，是通过艺术形象的感受、联想、想象进行的，是在具体形象地感知、联想、想象之中，体会和领悟到作品的本质意义。鲁迅的《从百草园到三味书屋》有一段描写百草园的文字，寥寥数语就勾画出了生趣盎然的童年乐园，与三味书屋的死气沉沉、枯燥乏味形成鲜明的对比，读者在这种形象化的对照中体味到了文章的意蕴；又如马致远的《天净沙·秋思》，其中前三句虽没有一字一句说明羁旅思乡之苦，但是通过这些景物之间的联系，人们完全可以领会它包含的这种意义，这是通过形象间接体现的。语文学科的美育就是要充分利用教材中这种形象化的语言特点，让学生认识作品的形象，体会语言的魅力，从而起到形象的感化作用。

美离不开形象，教师应努力使学生的思维过程在生动的、形象的、表象的基础上来进行。学生接受知识，往往是从具体形象开始的。在语文教材中，有许多文学作品塑造了许许多多的人物形象、描绘了大量的自然景物，通过阅读描写人物的文字，就好像人在画中行，身在景中游，让人有一种身临其境，美不胜收的感受。这就是以形象感人的审美特征。如果离开了这些具体形象，就没有了审美的对象，因此有的学者认为，培养审美素养就是一种形象教育。培养审美素养的过程，就是通过审美活动，以形象对受教育者施加影响的过程。如果说智育以知其人，德育以理服人，那么美育就是以形感人。老舍的《济南的冬天》描写了济南冬天下小雪的情景：山坡上的积雪，风儿吹动的山面日落时的融雪。体现了济南冬天的美丽，表达了作者对济南冬天无限的喜爱和赞美之情。阅读这段文字，作者仿佛把我们带到了济南的冬天里，与作者共同感受大自然的美丽，也仿佛在我们眼前出现了一幅美妙的雪景画，令人流连忘返。作者运用形象的比喻、生动细致的描绘，给人以美的享受，以形感人。

### 1.1.3 愉悦性

美的事物在人的心中所唤起的感觉，是一种愉悦的心情。它是和快乐结合着的，它与愉快具有必然的关系。因而语文阅读教学在培养审美素养，以形感人、以情动人的同时，也以形悦人，以情悦人。可见美育教育，也是愉快教育。审美教育愉悦性就是指文学作品的美及语文教学活动的美能引起学生的审美情感，使学生获得美的享受。阅读中的美育可以悦耳悦目、悦心悦意。悦耳悦目是指以耳、目为主的审美感官所感到的愉快。阅读教学中审美的悦耳悦目，主要表现为两个方面：一是带领学生进入作品的优美意境，让学生通过对课文的阅读来领略其中无限的美妙，以此悦目；二是教师在教学中深受作品真情的感染，通过吟咏、绘声绘色地描摹渲染，以此悦耳；悦心悦意是指通过阅读语气、情感带入，影响我们视觉和听觉的有限的形象，使人不自觉地融入、捕捉和领会到某些较深刻的意蕴，获得美的享受，这是一种领悟，也是一种深层次的冷静思考。语文教学审美活动的悦心悦意，就是运用语文教材中的精要之处，开启学生的思维之"门"，从中受到教育和感染。在语文阅读教学的审美教育中，教师致力于创造这种愉悦性，使学生的主观精神在感知、想象、思维、体验等心理因素共同活动中，获得快乐感和满足感。

### 1.1.4　整体性

语文是语言的艺术。语言的音节或文字的有机组合，构成"语言场"。文学作品的语言场不同于别的语言场，这种场的强力和魅力都远远胜出其他语言场，所以品味这种语言应有良好的整体感或场感。"场"照亮了作品的每个细节、每个局部，作品中的字词句靠这"场"来定义、定性，它们离开这"场"就还原到字典、词典中去，成为只有单一意义的语言材料了。一个艺术作品必须为完整的有机体，必须是一件有生命的东西。因此，阅读中的审美教育具有整体性的特点。在阅读教学中，教师一方面可抓住精彩传神的关键语句，把学生引进它所展示的优美境界，使他们在美的艺术享受中得到熏陶，提高学生的审美能力；另一方面，更重要的是，引领学生抓住令人迷醉的意象、情景，领悟文章中的高超的语言、技巧，提高运用语言表情达意的能力。在阅读中如果不坚持整体关照——只注重树木而不见森林，学生会把一棵枝叶葱茏的树看作一地的枯枝败叶，将使他们厌倦这种八股式的模式。审美形式只一味地撷字摘句地分析，忽视美的内在联系，这是教学的悲哀，也是美之不存的悲哀。

## 1.2　内涵

审美教育的内涵：是以艺术和各种美的形态作为具体媒介的手段，通过展示审美对象丰富的价值意味，直接作用于受教者的情感世界，从而潜移默化地塑造和优化人的心理结构、铸造完美人性的一种有组织、有目的的定向教育方式。语文教学中的审美教育，是在语文教学活动中，对学生进行审美教育的一种活动。

教师从属于专业技术人员，可见，教育是一门技术，是非专业人员不能为的。教育学者徐勋说："教学既是一门科学，又是一门艺术。"由此可见，教育不仅仅是一门技术，还是一门艺术。因为教育的对象不是机器，而是活生生的人，人有情感、有想法，为达到最佳教育效果就需要在美学理论的指导下，研究其艺术化即审美化的途径，使其成为一门真正的艺术，使受教者得到最佳教育。而语文作为中学教育的一门重要的基础课程，其重要性是不言而喻的，这可以从语文课的课时量，语文考试所占的分值即可得到最好的说明。所以语文课上进行审美教育就显得尤为重要，可以说，语文课上的审美教育是整个审美教育的主要阵地，对提高人的素质、净化人的心灵、纯洁人的思想、提高人的审美能力具有不可替代的作用。

语文教育通常指的是关于祖国语言的教育活动，它的内涵也是非常丰富的，它既包括语言和文字本身的教育，也包括有关文学、文章，乃至文化、思想、情感等方面的教育。它关系着人的发展，贯穿人的一生。语文教育是最基础的教育，对人的成长起着非比寻常的作用。审美教育如蔡元培先生所言："美育者，应用美学之理论于教育，以陶养感情为目的者也。"审美教育是以美学和审美教育理论为指导，提升审美素质的教育；是施教者按照一定时代的审美意识（审美观念、审美情趣、审美理想），充分发掘施教媒介的审美因素，向受教者施加审美影响，从而开启其内在情智的一种最优化的教育。它旨在培养和提高人们感受美、鉴赏美和创造美的能力，树立和发展人们正确的审美观点、健康的审美情趣和高尚的审美理想，进而影响人的情感、才智和整个人的精神面貌。语文审美教育是借助语文教材、语文课堂以及语文教学活动中客观存在的美的因素，教育、引导学生感知美、理解美、鉴赏美、评价美、进行美的创造，从而陶冶学生的情感，形成他们正确的审美观点、高尚的审美情趣、健全的审美能力和崇高的审美理想。

语文教育只是关注对语言和文字本身的教育，虽然涉及情感因素，但是没有把情感因素放到突出的位置上来。审美教育突出了"美"的功能，但是没有界定学科范围，范畴太宽泛。语文审美教育则限定是在语文教育活动中对学生实施的审美教育，限定了范畴，更具有可操作性。

## 1.3 特征

审美教育具有如下基本特征：从教育审美的实施手段来看，具有趣味性。它是以美的形象吸引人，其过程不是严肃的而是伴随个人趣味的激发和满足。这与德育和智育要求严肃、庄重不同，美育总是要以鲜活的形象展示，令人感觉生动、活泼、有趣，在生动、有趣的形象体验中达到陶冶情操和教育人的目的。

从作用过程看，其最显著的特点是以审美形象作用于人的感情。美育不是以理服人而是以情感人、以情动人，使受教育者受到感染，以达到教育目的。从实施效用来看，美育作用于个体的知、情、意，以美启真、以美入善、以美化情，培养个体的知、情、意能力，进而生成和提高个体的实践能力。

从育人目的来考察，美育的目标是对人的全面塑造，通过对人类实践能力的培养，以审美的方式达成人的自我完善，实现人的全面发展。

### 1.3.1　情感性

情感性是语文审美教育的显著特性，情感是人们对客观事物是否符合自己的需要、愿望和观念而产生的一种态度和内心的体验。语文审美教育是教师借助于教材、语文课堂以及语文教育教学活动中客观存在的美的因素，教育、引导学生感知美、理解美、鉴赏美、评价美、进行美的创造，从而陶冶学生的情感，形成他们正确的审美观点、高尚的审美情趣、健全的审美能力和崇高的审美理想的教育。教师要对学生实施审美教育，首先自己要把教材中、教学环节中关于美的因素进行咀嚼，把符合自己需要的东西留下，把不符合自己需要的东西剔除，这就是一种对于情感的取舍。教师在讲解一本教材时就明显体现出情感特征，教师总是对符合自己情感的、自己需要的、自己偏爱的文章多讲一些，对自己不爱、不符合自己喜好的文章少讲一些甚至不讲，而是引导学生自己去读。有的教师喜欢鲁迅，在涉及鲁迅作品单元时会花一周到两周的时间精讲，有的教师不愿意教鲁迅作品，因为鲁迅作品比较拗，思想太深刻，比较难讲清，在课时安排上可能就会缩短一些。教师在处理教材时就已经明显体现了情感性特征。涉及现代诗歌单元也是这样，有的教师钟爱诗歌，自己也写诗，碰到这样的单元，教师一定会多花时间、多花工夫引导学生进入诗歌的世界，经过一个单元的教学，学生可能在教师的带动下不仅喜欢诗歌、欣赏诗歌，还能鉴赏诗歌、创作诗歌。

学生对教材、对教学活动中蕴含的"美的因素"也有自然而然的情感取舍。他将符合自己需要的"美"的东西吸收，将不符合自己需要的东西剔除。比如有的学生偏爱散文，当涉及散文内容时，其学习表现出相当的积极性，这时，教师只要适当点拨，学生很容易感受到散文的魅力、散文的"美"，从而受到美的熏陶。有的学生爱好议论文，喜欢条理清楚的议论，条分缕析、旗帜鲜明的观点，在学这类文章时学生会受到"美"的陶冶。有的学生可能喜欢一波三折的小说故事、喜欢离奇的情节、个性鲜明的人物，在读这类文章时容易融入自己的情感，与作品中的人物同喜、同悲、同忧、同愁。

教师的"教"和学生的"学"之间也充满了情感。教师的教学要充满情感，教师要实现对学生的审美教育，就要以教师真挚的情感打动学生，这样师生之间才容易产生情感共鸣。例如，某教师在讲授《周总理，你在哪里》这首诗时，因为教师本人对周总理非常敬仰、对总理的逝世满含悲痛，所以在讲授这篇文章时，情不能自已，双眼含泪，声音几度哽咽，学生在教师这种"情"

的打动下,随着"松涛阵阵""他刚离去,他刚离去"也潸然泪下,听课教师也是泪光晶莹,结果,课堂上一片啜泣之声,诗歌情、教师情、学生情融为一体。若教师不是对周总理有深情、对教材有深情又怎能让学生如此容易地进入教师所营造的"情"中,又怎能让学生在有听课教师的情况下潸然泪下,教者有情才能激发学者之情,教者通过语言的抑扬顿挫、通过神情神态的变化、通过煽情的语言、通过表达爱憎的动作等等方式传递出教者的情感,从而,营造出一个"情感场",学者在这样的"情感场"中与教者产生情感共鸣。

学生的"学"也充满了情感。学生在学习过程中总是自觉或不自觉地透露出他们的情感倾向。学生对自己感兴趣的东西在听教师讲解的时候总是专注而认真,在自己探索的时候总是积极而热情,在与同学交流的时候总是热烈而愉快。对自己不感兴趣的内容如果教师没有激发他的情感,学生会表现出一副漠然而冷淡的表情,似乎事不关己。语文审美教育离不开情感,情感贯穿审美教育的始终。只有实现了情感转移的教育,才是美的教育。教师能把自己感知的喜爱、兴趣、同情、憎恶、幽默等成功地传递给学生,使之在情感上产生共鸣,这样才是美的教育。语文教学主要以情感人、以情动人,它通过美的事物激发人们的情感,形成审美体验,唤起情感共鸣,使人在精神上受到陶冶,得到升华。

### 1.3.2　形象性

车尔尼雪夫斯基认为："形象在美的领域中占统治地位，美是在个别的、活生生的事物中，而不是在抽象的思维。"因此，人们欣赏各种美的事物而产生美感的时候，总是从直观的形象开始的。只有通过生动、具体的形象，才能深入地领会它的内在本质，从而得到人的情感上的愉悦。一件事物能不能对人产生美的感受，形象是第一位的，所以，才有一见钟情的说法，一见钟情不可能发生在外貌非常丑陋的人身上。可以说，人们的一切审美感受都产生于形象，形象是审美的起点，没有形象，就没有审美感受。现在讲求"温馨教室"的创建，其实也为审美教育的实施提供了良好的氛围。温馨的教室首先就给人以愉悦感，教师的形象就会给人以美的感受，师生则在这样的环境中能更好地实现审美。语文教材中富含丰富的美的形象。汉字就是美的，它方正、结构匀称，其无论是形声，还是会意还是指事都能让人通过字的表现联想到文字中蕴含的情感。无论是教学内容的美，还是教学环境的美，都是通过去感受美、色、形等外在形象表现出来的。这些活跃在语文课文中的形象，教师要通过自己形象化的语言唤起学生头脑中的有关形象，使这些形象在学生头脑中不断生成不断变化，最后内化为自己的审美感受。

### 1.3.3　互动性

审美教育是一种以情感为中介，感性与理性、情感与理智、情感与意志、主体与客体互动建构，从而统一于一身的教育。在语文审美教育中，教师根据自己的审美素养和审美经验，对教材形成一定的审美理解，通过教学对学生施加审美影响；学生在独立理解教材的基础上，通过教师的引导，自己主动地钻研，形成一定的审美理解，又通过课堂讨论、师生对话等方式反作用于教师，对教师施加影响。可见，审美教育不是单方面的教育，而是施教者与受教者之间的双向建构的教育。一方面，施教者对受教育者施加影响；另一方面，受教者的反映也影响着施教者，这是一个相互作用的过程。

另外，在审美关系中，对象对主体呈现为美，主体对对象呈现为美感，美是从客体角度提示对象同主体的关系，美感是从主体的角度揭示主体同对象的关系，二者是一种相互同化的关系，这种主客体互动的关系，就是主动性与被动性辩证统一的关系，审美主体反映审美客体就是主体被动于客体，主体反映了客体，主体便从被动性走向了主动性；客体也要作用于主体，说明主体走向客体，主动性走向被动性，审美活动就是在审美对象与审美主体的交互作用，被动变主动、主动变被动的互动中实现的。

在语文教学中，教师既是审美主体也是审美客体。对教材来说，教师是审美主体，对学生而言，教师又成了审美客体，学生对教材而言是审美主体，对教师而言又是审美客体，主客体的关系是互动的。审美主体与外界客体的主动性与被动性，和人以自身为对象的主动与被动，是人的主动性和被动性的两个不同的层次。审美主体以自身为对象的主动性和被动性是主体与外界客体关系的主动性与被动性实现的中介，也就是说，审美主体对审美对象的反映要以对主体的审美意识（审美情感）的反映为中介来完成。审美意识以情感为网结点，使感知、想象、理解、意志等因素自由、和谐地统一，在具体的审美活动中，它表现为感知性情感、认知性情感、意志性情感、想象性情感等各种情感状态的相互渗透，因不同的情感状态与审美对象发生作用，就形成各种不同的审美类型，产生不同的美感享受。

审美教育还具有多样性，从运作方式来看，美育具有在时空上灵活自由，在个体针对性上显现差异的特征。美育较少受时间和空间的限制，可以灵活地进行，每个人的审美感受在共同性、相似性的基础上表现出个体差异，美育随着受教育者的个体差异而表现多样风貌。审美教育最为本质的特质，就是促进人的精神的解放，就是赋予人充实而自由的心灵。

审美教育是培养学生发现美、判断美、爱好美的能力的教育，中学语文教学理应贯彻审美教育，其陶冶情操、净化灵魂，使学生获得健康的审美情趣、崇高优美的感情、丰富的文化知识修养，进而形成正确的审美观、人生观。审美教育不仅要有一套价值体系，而且需要相应的实施途径，使受教育者在美与艺术的熏陶下，情操得到提升、人格得到升华，最终影响人的整体生存态度与人生观念。青年时期是实施美育的关键时期，把握好这一关键时期，提高学生的审美素质，对学生认识生活、理解人生、陶冶情操、涵养德性、展示个性、完善人格、全面发展等方面，具有重要的现实意义。

## 1.4　功能

审美教育不是为了培养受教育者某一个方面的知识、技能或者技巧，它的目的是借助审美的方式来提高人的精神世界，提高人的整体素质，健全人的心灵，等等。因而它的功能是多方面的，不仅对受教者的学生有很大的作用，就是对施教者教师也有很大作用。本节将从这两个方面进行阐述。

### 1.4.1　美能悟真

审美感知是审美活动的起点，敏锐的感知是积累丰富的内在感情的重要手段。由于千百万年以来人类社会的审美活动与实践在心理结构上的积淀，人类个体天生就蕴藏了某种审美感知能力。学校审美教育的任务之一就是要以此为基础，爱护、发展个体的审美感知力，使之更加敏感、细腻，更加丰富。美是真理的光辉，"真"是健全人格的核心。陶行知说："千教万教教人求真，千学万学学做真人。"语文审美教育就是要让学生养成说真话、写真事、抒真情、做真人的习惯；让他们敢于直面社会、直面人生、直面自我。所谓"以美悟真"，就是通过对学生审美感知能力的培养，使之能审美地了解人生、把握世界，认识美、发现美，体悟生活中的真理和哲理。中学生的社会阅历不太丰富，对社会和人生的认识比较肤浅，而阅读文学作品可以借作家的眼睛给我们看，作家是体味人生、体味社会比较敏感、比较深刻的人群，而且文学作品中还不乏思想家、哲学家的作品，他们对人生、对社会的感悟就更深刻了，通过阅读这些人的作品可以让我们学生少走弯路，更快地感悟到人生的真理和哲理。如《一个青年摄影师和四个文化名人》这篇文章就可以让我们懂得很多道理：美学家朱光潜是怎样为学的、他的知识呈现在书面会给我们怎样美的震撼，这些都让我们感受到为学、求学应抱以怎样的态度，这就是悟到了真。

### 1.4.2 美能启智

所谓"美能启智"，就是审美教育能够促进智育的发展。苏霍姆林斯基认为：一个人的审美观，他认识美和创造美的水平，总是和他的智力程度和智慧发展水平直接相关联的。苏霍姆林斯基通过大量的观察得出这样的结论："富有感情地对待认识对象能促使大脑积极地活动，刺激大脑的生理过程，增加脑细胞的营养。"他指出："缺少了诗意的、美感的涌流，孩子就不可能得到充分的智力发展。"苏霍姆林斯基特别强调美育在发展、培养学生的观察力、思维力等智力因素中的作用。他认为观察是发展智能的极重要源泉，观察力不是自然界的恩赐，它的形成取决于后天（即教育），引导学生到自然中去观察美，把观察的技能、方法教给学生，就能提高学生的观察力。审美教育能够丰富学生的想象力，能够启迪学生的智慧，发展学生的思维能力和创造能力，促进学生智力的全面发展。审美教育可以把学生带入想象的世界，调动他们大脑中储存的表象，并使这些表象重新组合，最终构成新的意象。在想象活动中，主体的精神摆脱了现实事物的羁绊，在广袤无垠的时空中自由驰骋，达到"观古今于须臾，抚四海于一瞬"的超时空效果。学生的想象就像插上了翅膀，能翱翔于天地之间，正是想象让学生的思维得以活跃、得以舒展，就好像打开了思维的"活水源头"，学生能由此及彼。学习了《祝福》，在头脑中就会现出一个衣衫褴褛、双目呆滞、头发花白的贫苦的老妇人形象；阅读了《春》，就会构想出一幅清风拂面、细雨蒙蒙、花红柳绿的江南春意图。语文教材中包含的政治、地理、历史、风土人情等知识，它们犹如涓涓细流、绵绵春雨滋润、浇灌着学生的心田，充实着学生的头脑，开阔着学生的眼界，丰富着学生的知识，这是一道审美打开的大门，学生进去可以尽情地吸收其中的营养，提高自己各方面的素养。

### 1.4.3 美能促进知识的积累

美能促进知识的积累。而知识的积累本身就是一种智力的提高。语文教材中很多都是名家名篇，是经典之作，蕴含丰富的美德因子。通过引导学生对这些美的因素的感知和鉴赏，可以在愉悦精神的同时，了解历史、了解自然、了解社会，获得如世界图景般的知识。叶圣陶先生认为："文学作品可以使学生领会什么是美。花木山川的美，城市的美，道德品质的美，广大群众为伟大目标而斗争的美，这些都可以从文学作品中得到深切的体会"。孔子曾提出《诗经》具有"兴、观、群、怨"等作用，同时强调《诗经》可以"多识于鸟兽草木之名"，也就是说，《诗经》可以给人以社会科学和自然科学等多方面的知识。《红楼梦》被誉为

"封建社会的百科全书"，正因为读者通过形象思维在获得美感享受的同时，能从这部形象化的百科全书中了解到活生生的、包含无数真实"细节"的封建社会的历史图景，这比历史教科书中学到的关于封建社会的理论概述无疑要生动和丰富得多了。恩格斯曾说过，他从巴尔扎克的《人间喜剧》中所学到的东西，包括法国社会的全部历史，甚至在经济细节方面，也要比从当时所有职业的历史学家、经济学家和统计学家那里学到的全部东西还要多。他指出了文学的美具有巨大的认识价值。语文审美教育能够借助艺术形象扩大和加深学生对客观世界的认识，对学生知识的增长和智慧的发展具有潜移默化的效应。

### 1.4.4  美能怡情

情感性是审美教育的特征之一，情感既是审美的动力、中介，又是审美的体验效应。如果没有情感，特别是唤醒和驱动的情感，审美就只能是一种被动的活动，就不可能形成生动的创造和深刻的体验。美的事物、美的感受能陶冶人的情感，使人的情感向健康积极的方向发展。苏霍姆林斯基指出："赋予学生认识和创造活动以及他在多种活动中的精神需求的发展和特定方向的审美教育，涉及正在成长的人的精神生活和一切领域。审美教育同人的思想面貌的形成、同儿童和青少年审美和道德标准的形成，密不可分地联系在一起。"他强调："对周围世界的美感，能陶冶学生情操，使他们变得高尚文雅，富有同情心，憎恶丑行。"

在语文教学中，教师就要借助美的因子丰富学生的情感，使审美主体——学生，与审美客体产生相契合的"共融"现象：自己分享着对象的生命，对象也分享着自己的生命。即刘勰所说的"登山则情满于山，观海则意溢于海"。

# 第2章 如何发现审美定义审美教育

## 2.1 感受美

语文教学大纲指出："传授语文知识，训练语文能力，进行思想教育，培养审美情感，主要以课本为凭借。""课文要文质兼美"，语文课本中有大量的唐诗宋词，优美的散文、戏剧、小说，逻辑严密的议论文，它们无不闪耀着美的光辉，这些都是进行审美教育的绝好内容。任何美都是内容和形式的统一，它们相互依存，不可分割。一篇优美的文学作品，必然是内容美和形式美有机结合的整体，在欣赏课文时，要把二者结合起来，不可偏颇。

### 2.1.1 感知美——抓住审美元素，重视诵读体验

审美感知是主体与审美对象进行初步接触的阶段，是进入审美经验的"门户"。对于审美想象、审美理解、审美情感的展开，起着主导的、为其他因素所不能替代的作用。荷叶上的露珠，晶莹纯净，一见就给人清新悦目的享受，这就是审美感知，学生通

过对作品的语言文字的初步感知，获得对作品的第一印象。

只要学生学会去发现、去欣赏、去领略、去品味作品，就会蓦然有所悟、有所感、有所滋润、有所提升。这其间，教师的"导"起了关键作用。教师需要对人生怀有真挚美好的感情，有良好的审美鉴赏力和悟性，能常常从生活和教育中发现美的精致，爱自然、爱生活、爱读书、爱学生、爱事业，有一颗纯洁真挚的童心，兴趣广泛、视野开阔、学养深厚。

1. 抓住美的元素去感受美

一眼见到就使人愉快的东西被称为美，这说明美首先应该表现为外在的形式。审美教育更倾向于审美的内在倾向性，而审美教育又是内容和形式的高度统一，如果形式是内容的表现，那它必然和内容紧密地相连着，要想把它从内容中分出来，那就意味着消灭了内容；反过来一样，要想把内容从形式中分出来，那就等于消灭了形式。我们语文课的教育是集知识、思想、情感和艺术于一体的总体性教育过程，既深刻、丰富地体现了内容，又有形象、优美的教育表现方式。文章之美，本身就是内容、形式诸美的和谐统一。

（1）人物美

人物美，主要是人物的情操与人格之美，它体现着作家的人生体验和审美理想。作者通过外貌、语言、行动、心理，揭示人物的性格、品质和内在思想情感的美。阅读鉴赏者受到美的感染、美的熏陶，产生一种向善、向美的内驱力，达到人格逐渐完善的目的。比如奉献一生的邓稼先、顽强抗争的贝多芬、不畏强权的唐雎，他们身上的高尚情操、光辉人格，每时每刻地激励着我们为追求崇高理想和美好生活而不惜牺牲个人的利益，在美的感召下达到灵魂的净化与美化。

塑造典型的人物形象是文学作品的中心任务，选入语文教材的文章都是大浪淘沙，经过历史筛选流传下来的美文，有的还是流传千古的名篇佳作，堪称艺术美的精品。这些文学作品大都凭着典型的人物在文学画卷中熠熠生辉，如临危不惧、忠于职守的哈尔威船长；把生的希望留给别人，毅然爬向水塘赴死的周团长；为了探索创造，勇于挑战权威的伽利略；勤奋好学、刻苦求学的宋濂；不慕荣利，安贫乐道的刘禹锡。这些人物身上都有着美好的道德品行和崇高的思想境界，这些闪光点必然会点燃学生心中的"火种"，培养他们高尚的道德品行和崇高的理想。

人物的闪光点体现在人物的言行上，在《最后一课》一文描写韩麦尔先生宣布下课的部分，先写他的言，再写他的动作，"转身朝着黑板，拿起一支粉笔，使出全身的力量，写了两个大字""呆在那儿，头靠着墙壁，话也不说，只做了一个手势"。此时无声胜有声，韩麦尔先生从此与祖国语言告别，内心无比悲痛，以致泣不成声，但是内心充满着不屈的斗志，充满对祖国必胜的信念，都化在无言的"法兰西万岁"两个大字上，这样的结尾比振臂高呼"法兰西万岁"要真实传神得多，学生更能感受到韩麦尔先生身上崇高的爱国精神和伟大的人格。

语文教材中也有不少丑陋的人物形象,如《孔乙己》中麻木、愚昧的酒客,冷酷自私的掌柜;《范进中举》中前倨后恭的胡屠夫,醉心功名的范进;《变色龙》中欺上瞒下的奥楚蔑洛夫;《窗》中恩将仇报的不靠窗的病人;《郑人买履》中不知变通的郑人。丑的本质,会激起学生心中的厌恶、憎恨、鞭挞,给学生启发教育,激起他们心中的真善美,因而使这些丑陋的人物形象也具有艺术美的光辉。教师在教学过程中除了要抓住丑陋人物的言行展开教学外,还可以通过对比法揭示其丑陋的一面。《我的叔叔于勒》一文,当于勒在北美发了财时,菲利普夫妇热切地盼望于勒回来,"好心的于勒,他可真是有办法的人";当在船上见到穷困潦倒的于勒时,急于躲避于勒,因为于勒是"贼""讨饭的"。鲜明的对比中深刻地揭露了人物冷酷无情、势利虚伪的丑陋嘴脸,同时"我"诚实善良、正直纯真的性格又与菲利普夫妇形成对比,在两种对比中美与丑不言而喻,作者的爱憎一目了然,学生自觉弃恶扬善,心灵再一次受到美的涤荡。

(2)风格美

风格美体现在不同的作家有不同的语言风格,有时同一作家的不同作品,语言风格也不尽相同,有的清新隽永,有的朴实自然,有的流畅明快,有的诙谐幽默,有的缜密深沉,有的犀利尖锐,有的热烈奔放。如茹志鹃《百合花》的清新俊逸,鲁迅《雪》的凝练简练,杜甫《茅屋为秋风所破歌》的沉郁顿挫,无不引起人们的审美愉悦。

社会环境中美的人情、关系、事件等，同样能给人领略美的愉悦。语文教材中的人情美能唤起学生的情感记忆，撞开学生关闭的心扉。《散步》是一曲真善美的颂歌，《珍珠鸟》则是人与自然之间爱的颂歌，读此书使人的心灵在亲情、人性、生命这三点构成的轨迹上进行了一次愉悦而高尚的旅行。

此外，句式上的长短结合、整散相间、叠词的运用，以及排比回环等方式，押韵、音韵变化等使语言具有语文美，读来节奏明快、朗朗上口、酣畅淋漓、一气呵成。张养浩《山坡羊·潼关怀古》："峰峦如聚，波涛如怒，山河表里潼关路。望西都，意踌躇，伤心秦汉经行处，宫阙万间都作了土，兴，百姓苦；亡，百姓苦。"整首元曲，整句之中间有两处散句，错落有致，句式短而相近，全篇押韵、音韵和谐优美，洋溢着沉重的沧桑感和时代感。

（3）自然美

描写自然环境的作品都给人以美感，《春》《济南的冬天》就是这样。作为审美对象的日月星辰、高山巨川、花草树木、虫鱼鸟兽等自然景物，一旦出现在文章中，就融进了作者独特的感情，是一种人化了的自然美。它们的温暖明亮、巍峨澎湃、生机勃勃等特点，往往同作者健康的情趣、积极向上的精神意志融为一体，从而焕发出令人陶醉的、强烈的美感.我们一般认为的自然美是指自然界中自然物和自然现象体现出来的美。

语文教材中有大量反映自然美的文章，这些文章描写自然界的虫鱼鸟兽、山水花木、风雨雷电、日月星辰、春夏秋冬，状其形、绘其色、拟其声、摹其味，无不形象鲜明、生动开阔。其较强的审美感染力，在学生的心中留下了一篇篇壮丽秀美的画卷。如宗璞充满生机和活力的《紫藤萝瀑布》、茅盾傲然独立的《白杨礼赞》、高尔基自由搏击，呼唤暴风雨来得更猛烈些的《海燕》、郦道元险峻壮美的《三峡》、朱自清清新勃发的《春》、老舍温情秀美的《济南的冬天》、梁衡热烈紧张的《夏》、郁达夫忧郁萧条的《故乡的秋》，描写自然美的文章再现了祖国辽阔的河山、优美的山川风物。在学习中，学生反复朗读，分析并欣赏以及体味美景，触发联想、想象，诱发共鸣，再现美景，获得美的享受，从而激发热爱自然，热爱祖国锦绣河山，热爱祖国的伟大感情。

自然美是作者的主观情感和思想意识作用于自然事物的结果。情为景生，触景生情，一切景语皆情语，反映自然景物和现象的美语美文并寄寓了作者一定的思想感情。作者的情感因自然景物而得以艺术表现，自然景物因作者的情思而获得生命，二者自然交融，构成语文教材中自然美因素的独特韵味。但审美意义上的自然美不同于此，它是指能引起人审美愉悦的各种自然物和现象的美。如《幽径悲剧》作者先浓墨重彩地描写藤萝的美和藤萝被毁的惨状，再抒发藤萝被毁后内心悲哀至极的感受，旨在深刻地批判愚民毁灭生活中的真善美。首先是写藤萝的美，"苍黑古颈像苍龙般的粗干""一股幽香""在一团团的绿叶中隐约看到一朵朵紫红色的花，颇有万绿丛中一点红的意味""它虽阅尽人间的沧桑，却从无害人之意""每年春天，就以自己的花朵为人间增添美丽"，在读者心中塑造了兼有外在美和内在美的真善美的形象。接着描绘古藤被毁的惨状，"古藤那一段凌空的虬干，忽然成了吊死鬼，下面被人砍断，只留上段悬在空中，在空中摇曳"。在此基础上抒发内心的悲哀痛苦，"我简直是悲哀至极""怕走幽径了""隐隐约约听到古藤的哭泣"。在深刻的痛悼古藤被愚民砍断的同时，把矛头指向了世人，"在茫茫人世中，人们争名于朝，争利于市，哪有闲心来关怀一棵古藤的生死呢？""我是一个没有出息的人""经常为一些小动物、小花草惹起万斛闲愁，真正的伟人是绝不会这样"。这些饱含感情的语言，含泪带笑的抒发之中，有着震撼人心的力量，强烈地谴责毁灭美的愚民，同时也把矛头指向了不关心自然的诗人、伟人们，有着强烈的失望、痛心之意。学生在欣赏美的景物——让作者"顾而乐之"的藤萝的同时，不仅明白了作者在自然景物中富含的情感，而且内心也受到了强烈的震撼，激起了对自然美强烈的保护意识，从而陶冶了情操、净化了心灵，审美情趣、审美能力也得到了提高。

但审美意义上的自然美不同于此，它是指能引起人审美愉悦的各种自然物和现象的美。为了阐述的方便，在此把语文教材中以艺术的形式反映于人们的知觉或想象里，引起人们审美愉悦的自然景物或现象称为自然美。

（4）结构美

建筑的精巧设计令我们心醉，文章构思的精巧别致也会给读者峰回路转般美的感受。好的文章结构精理与主题、情节的和谐，表现为一种美；或以时间为序，或以空间为序，或一目了然，平铺直叙，或对称错杂，跌宕有致，其局部比例协调而又浑然一体为另一种美。读作品我们要善于发现那些与众不同、妙不可言的构思，体会其构思之美。《我的叔叔于勒》环环相扣、天衣无缝的结构，《故乡》以"变"来结构全文的艺术，《爸爸的花儿落了》的双线结构，都令读者心驰神往。

技巧是为深化中心，增强作品感染力服务的。文章的表达技巧主要有以下几个方面：一是衬托和铺垫。衬托是利用某些事物做陪衬以突出主要事物的方法。《口技》中描写听众的反应"满座宾客无不伸颈、侧目、微笑、默叹，以为妙绝""宾客意少舒，稍稍正坐""于是宾客无不变色离席，奋袖出臂，两腿哆嗦，几欲先走"语言简洁生动，短短的三句话紧跟在较长篇幅的具体描写口技表演的三个场面后，从侧面衬托口技表演者的高超技艺；《诺曼底号遇难》描写轮船沉没时人们"惊恐万状，一片混乱"，虽然只有短短的一句话，看似闲笔，实则在不经意间衬托了哈尔威船长镇定自若，忠于职守的高贵精神品质。铺垫是突出文章重点，加强文章气势和内蕴的一种方法。《幽径悲剧》通篇采用了层层铺垫的方法，幽径之美——藤萝给人的快乐——藤萝被毁内心的悲凉，最后烘云托月地点出中心。二是对比。对比是将美和丑对立起来，使美者愈美，丑者愈丑的一种写法。《治水必躬亲》先正面论述海瑞治水躬亲、清廉，"昔海忠介治河，布袍缓带，冒雨冲锋，往来于荒村野水之间，亲给钱粮，不扣一厘，而随官人役亦未尝横索一钱。必如是而后事可举也", 再从反面论述 "如好逸而恶劳, 计利而忘义, 则事不举而水利不兴矣", 在强烈的对比中强化论点, 使学生明确了治水要躬亲、清廉的道理, 同时在学生的心目中树立了海瑞躬亲治水, 不畏艰辛, 为民着想, 清正廉洁的清官形象, 对于学生的道德品质, 人生观、世界观的形成必将有着潜移默化的作用。《紫藤萝瀑布》十几年前的紫藤萝和现在的紫藤萝构成对比, 衬托出现在紫藤萝的繁盛, 从而引出中心——生命的长河是无止境的。三是象征。象征是以某种具体事物象征揭示某种性格或思想, 使抽象的意念具体化。《白杨礼赞》《海燕》《马说》都采用了象征手法。四是表达方式。表达方式是指文章的记叙、描写、抒情、议论、说明。《岳阳楼记》将写景, 叙事, 抒情, 议论结合在一起, 点明全文主旨, 表达作者 "不以物喜不以己悲" 的旷达胸怀和 "先天下之忧而忧, 后天下之乐而乐" 的爱国情怀。五是结构。结构是从大局出发对文章的全盘考虑, 是文章的组织排列方式, 是作者从表达主题的需要出发, 按照生活的逻辑, 从审美的角度对所撷取的生活素材进行巧妙的艺术安排, 体现着作者的审美需求和理想。《岳阳楼记》疏密相间, 结构匀称、《白杨礼赞》先抑后扬、《藤野先生》两条线索交织, 虚实相生, 无不显现出结构美。

（5）节奏美

文章情节的快慢详略, 情感的波澜起伏, 语流的疏密浓淡, 错落别致, 都表现出一种节奏。为了表达的需要,《安塞腰鼓》

多处使用结构整齐的排比句的同时，还特别注意句式的变化，有效地避免了语言的板滞，并给人以节奏强烈的美感。

意境是诗和画的艺术境界，是作者的主观情意和客观物境（景、境）互相交融而形成的艺术境界，意境对于分析文学作品至关重要。在教学时，要将学生引入作品的意境中去，在他们面前再现作品描绘的艺术形象，使他们领悟到作者新奇而独特的意境创造。陆定一《老山界》一文，有两处描写火把：一处是"火把排成之字形，一直连到天上，跟星光接起来，分不出是火把还是星光"；一处是表现了老山界山势的高峻、陡峭，红军战士就在其间艰难地爬山，"向上看，火把在头顶上一点点排到天空；向下看，简直是绝壁，火把照着人的脸，就在脚底下"。在这幅神奇、壮丽的画面中还回荡着红军战士互相鼓励的豪迈之言，"我们顶着天啦""不要落后做乌龟呀"，山路险峻，爬山艰难，令人惊心动魄，可就在这样的意境中，红军战士豪迈的情怀，乐观的精神，英雄的壮举永远地留在了学生的心中。诗歌是非常注重意境的创造的，诗的意境是诗人审美理想的升华，是诗味的源泉，是诗歌本质的花朵。马致远《天净沙·秋思》"枯藤老树昏鸦，小桥流水人家，古道西风瘦马，夕阳西下，断肠人在天涯。"诗人在前三句的九个名词中，勾勒一幅凄凉萧条的羁旅图，萧瑟的秋风，寂寞的古道，疲惫不堪的瘦马，枯藤缠绕的老树，声声哀鸣的乌鸦，多么萧瑟凄凉的境或景啊，最后通过"断肠人"三字，将诗歌的景和情融合在一起，水乳交融，道出了游子的悲凉与凄楚，道出了人世的沧桑和愁苦。在优美的意境中传递出深刻的思想内容，难怪此诗被誉为"秋思之祖"。由此看来，阅读教学不仅要求学生知道文章的内容、了解文章的形式，更主要的是深入其中，通过想象、联想的方式再现文章所表现的意境，理解其思想意义，领会其精神实质。

（6）社会美

社会美是指社会现象、社会生活中的美，是现实美中最核心的部分，社会美包含着社会发展的本质规律，体现崇高的社会理想，并能给人以精神愉悦的社会生活现象。社会美的范围十分广泛，广泛存在于生产劳动、日常生活、文化科学、社会活动、家庭、朋友、爱情等事物中，甚至存在于阶级斗争中，表现为思想美、行为美、品德美、斗争美等。社会美是人工创造的产物，以满足一定的社会需要和一定的社会阶级、阶层为目的，具有明显的社会功利性。它突出表现为内容的善。文艺作品是客观世界在作者头脑中的反映，但比现实生活更集中、更典型。中学语文课本中有大量反映社会美的文章。如《一面》中鲁迅对青年的帮助和关怀，《我的老师》中温柔美丽的蔡老师对学生的爱，《茅屋为秋风所破歌》中杜甫"安得广厦千万间，大庇天下寒士俱欢颜"的呐喊，《百合花》中小通讯员为革命献出年轻生命的无私奉献精神，《威尼斯商人》中鲍西娅聪明机智，惩恶扬善的精神，《窗》中病人为解除病友痛苦编造美景窗，病人善良高尚的心灵；还有《孔乙己》《藤野先生》中鲁迅对国民麻木不仁地揭露，《幽径悲剧》中季羡林呼吁保护人间的真善美,《都市精灵》中舒乙保护城里的小动物的呼喊,《出师表》中诸葛亮"报先帝而忠陛下"的忠贞之心,《给我的孩子们》中丰子恺保护童真的态度,等等在语文教材中通过文学作品的选择对学生进行审美教育,向学生揭示真善美,鞭打假恶丑,使青少年学生自觉地在思想上,感情上,心灵上受到美的熏陶,美的启示,从而建立健康的审美观和人生观。马克思评价"英国批判现实主义"作家的作品时说:"他们在自己卓越的描写生动的书籍中向世界揭示的政治和社会真理,比一切政客、政治家和道德家加在一起所揭示的还要多。"所以试想当学生学习《享受生活》时,能不为双目失明、自强不息的海伦·凯勒扼腕叹息又暗自赞叹,从而为自己身为一个健全人而庆幸,立志勤奋学习吗?学习《热爱生命》时,能不为主人公为生存历尽艰辛甚至咬死狼所震惊不已,从而珍惜生命吗?学习《明天不封阳台》时,能不为人类破坏自然的行为追悔莫及,从而树立环保意识,与自然和谐相处吗?学习《背影》时,能不为朴素真挚的父亲感动,从而理解自己父母一言一行中蕴含的深深的爱吗?学习《岳阳楼记》时,能不在范仲淹"不以物喜,不以己悲""先天下之忧而忧,后天下之乐而乐"的爱国精神感动,从而立志为祖国多做贡献吗?这些社会美的文章具有较强的审美价值和审美意义,注重课文中的社会美,会使学生的精神境界在潜移默化中得到升华,使得灵魂越来越高尚,最终成为一个真善美的人。

苏联美学家鲍列夫在《美学》书中说:"审美教育在培养和

造就人的完整的、具有创造性的个性，其中包括他的职能、情感、意志、价值意识等方面。这一教育贯穿人的一切活动领域——深邃的思维、微妙的性格、习于选择的性格、他所追求的目标。审美教育包罗万象，它不但决定一个人的知识水平，还能决定他的性格"。

### 2.1.2 社会美是审美教育的最重要的内容之一

恩格斯说："大自然是宏伟壮丽的，但我觉得历史比起大自然甚至更加宏伟壮观。自然界用了3亿万年的时间才产生了有意识的生物，而现在这些具有意识的生物，只用几千年的时间就能够有意识地组织共同的活动"，可见社会美比自然美更加生动、更加壮丽。作为语文教师，要充分地调动作品中社会美的因素，对学生进行审美教育。在学习朱自清《背影》时，可以抓住父亲的四句话来展开，其中有一句话出现在父亲买橘子前，是"你就在此地，不要走动，我去买几个橘子"，分析这句话时，教师可以问学生"为什么要买橘子，是自己想吃吗？又为什么要叮嘱儿子不要走动？"一步步地引导学生明白父亲买橘子是怕儿子旅途口渴，叮嘱儿子不要走动，是怕买橘子回来，找不到儿子。爱子之殷之切令人感动。这时教师再启发学生，"这样的话，你熟悉吗？是不是也曾听父母说过？发生在什么时候啊？你能给大家说说吗？"学生经过老师的点拨，打开了记忆的闸门，学生由父亲的一句话联想到父母的一声声唠叨，一次次嘱咐，一时众说纷纭，有一个同学在谈到烈日中父亲在车站为自己买水时的行为而动心，使得每个学生都陶醉在父母对自己的爱中，都升起对父母的感激之情，并自觉地将其化为勤奋学习、努力向上的动力。

## 2.2 鉴赏美

### 2.2.1 激活审美情感，把握关键要素

社会美与高尚优美的思想感情、精神品格紧密相连。对社会美的鉴赏，可使学生的思想境界得到升华，并使学生树立正确的人生观、价值观，提高对社会中是非、善恶、美丑的审美评价能力。作为一种审美享受，所欣赏并为之感到愉快的不应该是客观的对象，而应该是自我的情感。语文教学中的审美教育就必须激发学生对审美客体的喜悦感、自由感、质疑感、惊异感等，只有这样，才能真正调动审美主体一生。语文教材是美的载体，每一篇课文都体现着不同的美的内容。有的歌咏伟大，有的歌咏平凡；有的歌颂善良，有的歌颂纯真；有的鞭挞丑恶，有的鞭挞落后；有的鞭挞黑暗，这些丰富多变的语文内容无不寄寓了作者的审美情感。这就要求教师去启发、引导学生在语文学习中了解人的自身，了解人的情感和内心世界，这样可以帮助学生更好地理解课文。

语文是最富有人性美和人情美的学科，语文课首要任务是把学生培养成为情感丰富的人，而情感本身就是美感的重要因素，因而情感体验中的审美教育实际上是增强学生的审美感知能力。教学中如何才能激起情感呢？其一，教师的备课要备出情感，即要找出教材的情感点。语文课中的所有课文都渗透着作者的喜怒

哀乐和爱憎，不仅文学作品，其他一些非文学作品也概莫能外。找准情感点是教出情感的基础。其二，教师要用整个身心去体验课文的情感。只有教师自己被课文的情感所感动，他才能在教学中去感动学生。其三，我们要摸清学生的情感点。在教学过程中只有在教材的情感点、老师的情感点和学生的情感点之间架起一座通畅的桥梁，三者达成共鸣，才能形成一种情感的高峰体验。这种情感体验具有一种"净化"功能，它能超越狭隘的个人功利性，使学生在精神上获得一种审美满足，让学生得到精神的愉悦和升华，潜在地提升学生的审美感知能力，丰富学生的审美世界。

### 2.2.2 现代美育是一种感性的情感的生命教育

美育通过宣泄、引导、升华感性来对人实施教育，可以说情感是一切审美活动的血液。语文审美教学应以美感人，以情动人，用情感撞开学生心灵的门扉。那么，怎样激活审美情感，引导学生欣赏美呢？——调动学生已有的情感体验。一篇好的课文，必然是作者情动于中以及言溢于表的产物，语文教材中所选的文章大都或明或暗，或隐或显，或浓或淡，或深或浅地蕴含着丰富的情感因素。在教学中，教师要提供相关的背景知识，让学生首先理解"人"，理解"人的思想""人的情感"，才能把握住作品的"生命线"。《纸船》是远离家乡的游子对日夜思念的母亲的深情呼唤，是献给亲爱的母亲的一曲深情的颂歌。因此在教学的每个环节，教师应注重调动学生自身已有的情感体验，用文本的"情"去触动学生心灵的琴弦。开课导入时可以这样问："我们每个人都沐浴在母爱之中，可你是否对你的母亲有过深情的倾诉？"导语之后可这样说，"现在请同学们转化角色。你现在是 1923 年的冰心，你要远离祖国、远离母亲孤身一人去陌生的国度求学了。现在班级的教室则是那驶向美国的油轮，尽管船外是美丽浩瀚的太平洋，但是你无心欣赏眼前的奇景，而是眼含热泪，在专心执着地叠着一只纸船。"请同学们朗读时可这样问，"谁想对母亲倾诉？"拓展迁移时可以设计这样两个小环节来撞击学生的心灵，"母爱是世界上最无私、最伟大的情感，相信你有切身体验，请你说几句话，表达对母亲的爱；你还能想到其他表现母爱的诗文吗？"这样学生就真正地用自己的情感读懂冰心了。

还可在演读体验中触发情感。《斑羚飞渡》是一篇感人至深的文章，它通过描绘一群斑羚飞渡悬崖的场面，诉说了一个极其悲壮的故事。那么如何让学生受到感染，欣赏文中的美呢？教师可以这样为学生提供审美阅读的平台："假如你是那头即将飞渡的老斑羚，此时会想些什么？会对那些年轻的斑羚说什么？假如你是一只小斑羚，在成功飞渡后，会怎样想？怎样做？假如你是镰刀头羊，在成功地指挥了这群斑羚集体飞渡后，孤零零地站在山峰上的时候，你会想些什么？假如你是狩猎队的一员，看了这震撼人心的场面后，会有怎样的感想，今后将会怎样做？"这一环节的设计很能触发学生的情感，学生的联想思路也会很广。

由此可见，情感是审美心理中最活跃的因素，它广泛地渗入其他心理因素之中，使整个审美过程浸染着情感色彩。在阅读教学中通过剖析作品中的形象表现出来的思想情操，深刻地打动学生，引起他们思想感情上的回旋激荡，使他们爱作者之所爱，恨作者之所恨，为作品中正面人物的胜利而欢乐，为反面人物的覆灭而称快。挥斥学生的想象从而进行审美想象的培养，对语文审美教育是至关重要的，因为它是语文审美创造的前提。我们知道，选入教材的文学作品的艺术之美除了隐蔽在艺术形象所给人留下的深广、多层的审美空间里，也常常蕴含在生动逼真的意境中。那么怎样深入作品探索其蕴藏的艺术之美呢？这就靠学生的审美想象。情感的伴随，使鉴赏者领略客体之美，在精神上得到愉快和满足。欣赏活动中没有想象，多么优秀的语句所运用的文字符号也只有抽象的意义，而无所谓广阔的艺术境界。阅读文章，应该充分地联系自己直接或间接的生活经验，开展积极的思维活动，运用再造性想象和创造性想象把作品中的艺术形象再现或创造于自己的脑海，即根据作品中系列的描写而由此及彼地展开联想。寻找作品中事物间的联系，并驱遣想象，创造出主观化的新形象，感受言外之意。如读《海燕》时，我们若能腾飞想象的翅膀，浮现海燕搏击风浪的意象，就会体会到该文逼真的形象和精当的描写。

可以说，没有想象就没有作品。同样，没有想象，读者就无法理解作品，无法进入作家营造的艺术世界，阅读需要联想、想象的参与。读了《斑羚飞渡》，读者会在头脑中形成一幅极其悲壮的飞渡画面；读了《最后一课》，读者脑海中又会浮现韩麦尔先生作为一个爱国者的高大形象；读了《春》读者就会把春天的柔与母亲的手联系在一起。因此，读者在阅读过程中只有借助联想、想象才能有效地理解作品，进入作者所创设的艺术境界。联想、想象力是决定阅读质量的一个重要因素。

阅读教学中，教师应调动学生的联想、想象力，以进入作家创造的优美的艺术情境。教师可根据教学内容，启发学生思考、揣摩，体会各类文章中的形象。同时需要教师精心设计启发的方式和内容，引导学生充分利用已有的知识，发现新的问题，激发新的想象。以散文为例，学习《济南的冬天》，学生只有通过联想，才能真切地感受到文中所描写的秀丽画面，才能感受到作者的心情。如《我的叔叔于勒》，教师可在学生阅读时设计一些思考题以训练其联想、想象力，当菲利普一家人去哲尔赛岛时看到船"在一片平静得好似绿色大理石桌面的海上驶向远处"时的心情如何？于勒与其兄嫂相遇时，如果于勒此时突然抬起头来，将会出现怎样的场面？可见，教师善于启发引导，可以调动学生的联想、想象力，从而帮助学生更深入地理解作品。在语言的世界里不是缺少美，而是缺少发现。要培养学生的审美素质，就要引导他们在品味词语，分析句式、句意中去发现美、品味美、鉴赏美。文字的连绵、叠韵、倒序会出现匀称、平衡又可参差变化的组合美；有组织的短语合成文段形成意象也是美。要讲出语言美，通过字、词、句和有关内容的讲析，使美育有机地渗透到语言分析和字词教学之中。

课文的思想内容，是通过有逻辑关系的字、词、句、篇表现出来的。我们讲析作品，就得通过语言分析，设身处地地把作者描写的"真景物""真感情"再现出来，用深刻的思想、高尚的情怀和生动的画面、高度和谐统一的艺术境界，感染学生，唤起他们丰富的联想，使之动心动情，接受作者借作品体现的审美的感情，逐渐形成自己有血有肉的美丑、正邪、是非等观念。如在《木兰诗》的教学中可让学生反复诵读，深入想象，仔细品味其语言优美飞扬的乐感和神奇的魅力；《地下森林断想》用词丰富，比喻迭出，作者在正确使用语言文字的前提下积极修辞，灵活的结构和安排语句，使语言产生了特殊的审美效应；《变脸》通过语言的对白和独白塑造了栩栩如生的人物形象，使读者如见其人，如闻其声。通过分析，让学生感受其高度个性化的人物语言，感受到悲剧本身震撼人心的力量，产生一种惊心动魄的恐和对悲剧性人物的同情和怜悯。正是这种怜悯与恐惧的体验，使学生的心灵得到净化，性情得到陶冶，达到了学习悲剧应有的美学效果。

### 2.2.3　感悟形象

艺术的作品不是用叙述，而是用形象、图画来描写现象。文学作品是通过具体生动的形象反映客观存在的社会生活，表达作者思想感情的。文学形象塑造得越准确、越鲜明、越生动，就越能充分地表达作品的思想内容，影响读者的思想感情。所以我们可以通过对作品中人物或景物的形象美进行剖析，让学生欣赏美。在阅读教学中，可通过分析文学作品中优美的艺术形象，增强学生对美的认识和鉴赏能力。《木兰诗》中的木兰这一英雄形象在文学史上具有不平凡的意义。她是一个勤劳的织布姑娘，但当战争到来的时候，勇敢地代父承担了从军的任务。作品通过对恶劣环境的描写，衬托出木兰英勇杀敌的美好形象，功成不受赏，不贪恋富贵，表现得磊落轩昂，而在家里亦显示了天真活泼的女儿本色。在讲解这篇作品的过程中，学生就能认识到木兰这一艺术形象的人格美，并学习她超脱封建观念所表现出的种种可贵品质。审美的主要对象是形象，语文教材中的审美对象，主要是作为社会生活主体的人物形象和有关的生活情景的形象。它一方面像客观的社会生活一样是具体可感的；另一方面又体现着作者的思想感情，具有作者的思想倾向性。教材中所展示的形象，比生活本身更强烈、更集中、更典型。在阅读教学中，教师充分利用教材中提供的栩栩如生的人物形象，用它们美的心灵和美的行为，去感染学生，激发他们对人物形象由衷地热爱，使学生主动去分析品味，评价人物形象可歌可泣的事迹，体会人物形象内心世界的美和外在世界的美，从而理解人物形象的意义。通过优化的教学手段，创造出教材所描述的当时的场面、氛围和激情，激发学生的想象力，入境入情地去鉴赏美。

## 2.3　创造美

　　文学欣赏是一种审美再创造活动，是一种对作者审美体验所物化的艺术作品进行二度体验的过程。所以教育之美在于创造美，创造美是审美教育的归宿，是最高阶段。创造美不仅是学生充分发挥主观能动性和聪明才智的最佳过程，而且也是学生自我教育、自我完善的最佳途径。

一个人表现美，创造美的能力的提高和发展与他审美能力的深化和拓展是相辅相成的。因此，在阅读教学中，决不能光用教师的讲析去代替学生的朗读和理解，更不能用教师的鉴赏代替学生的鉴赏。只有充分发挥学生的学习主动性和积极性，才能使课堂成为感受美、理解美的客体，使学生成为评价美、鉴赏美的主体。学生创造美的能力的培养，它应该在高尚品位的审美定势下，通过长期的、循序渐进的、多样化的实践中训练。而训练过程的核心则是正确的引导方法和良好习惯的培养。我们务求让学生时时刻刻带着审美创造的眼光去阅读，去观赏社会、自然和人类的美，去接受每一个新鲜事物，去进行身边的发明创造。总之，要培养学生学会欣赏自然，学会欣赏生活，在自然与生活中寻找美，发现美和创造美。

### 2.3.1　抓住契机，发展学生的情感

创造美是指人们在感受美、鉴赏美的基础上，运用某种艺术形式或表现手法，创造出美的事物，它是审美能力发展的最高层次。美的创造离不开审美理想。审美理想是追求美、创造美的活动中出现于脑际的一种指向未来的创造性想象。创造性想象是一种将记忆中储存的表象进行创造性的结合，独立地创造出新颖、独特、奇异的新形象的心理活动。因此，审美理想带有强烈的感

情色彩。语文教材的许多课文声情并茂、文质兼美，学生读后，心潮随人物的命运而起伏，感情同人物的悲喜而共鸣。语文教学中应充分抓住这一契机，因势利导地发展学生的情感，让学生按自己的审美理想去创造新的意境、新的形象或新的结局。

现在许多学生不喜欢上作文课，见作文就头疼，每次写作文，都是挤牙膏似的凑满字数。写出来的文章题材老套，形式单一，可以说是千篇一律，"公交车让座""雨中送医院"从小学写到中学，从初一写到初三。罗丹说：美是到处都有，对于我们的眼睛，不是缺少美，而是缺少发现。因此，作文教学的先决条件，是要通过培养学生发现美，认识美，感受美的能力，引起学生对作文的兴趣，激起学生写作的积极性和主动性。

1. 培养善于观察的习惯和能力

生活中的美到处都有，只要你善于观察，随时随地都会发现美。中学生由于年龄尚小，注意力容易分散，他们平时的观察往往是无目的，无意识的，他们很难从熟悉的人或事中发现其中的美，因此，教师要多引导他们观察大自然，观察社会生活，观察人和事，提高他们的审美感知能力，让他们用自己的眼睛去看别人见过的东西，在别人司空见惯的东西上能够发现出来美。苏霍姆林斯基说："观察是智慧的最重要的能源"，教师要结合教材内容指导学生观察。阅读教材中有大量描写自然美、社会美的文章，它们在写人、写景方面都有闪光的地方值得学生习作借鉴，在作文教学中，教师可通过这些典范的文章教给学生观察的方法。如联系鲁迅《社戏》中"月夜航船"部分，启示学生要充分调动各种感觉器官，视觉、听觉、触觉、味觉、嗅觉等全方面，立体地观察事物，体会生活；联系《老山界》中"火把"的描写，学会从不同角度进行观察，如仰视、俯视等；还有移步换景，《阿里山纪行》《美丽的西双版纳》指导学生学会在移动中如何把握观察点进行观察；还有全面观察与重点观察，如举例《紫藤萝瀑布》中花瀑到花穗到花朵的写法，指导学生在整体把握事物属性的基础上，抓住事物独特的审美特性的观察方法。此外还有远近结合观察，时空观察，等等观察方法。教师还可根据课文内容，引导学生观察类似的人或景。通过实地演习，沙场点兵，提高学生观察的能力和对美的感知能力。如学习《繁星》《蓝蓝威尼斯》《阿里山纪行》《小石潭记》等描写大自然美景的文章，教师寻找当地类似的景观，组织学生参观实地，既可以加深对课文的理解和体会，又在无形中激发学生观察的兴趣，提高审美观察的能力。

叶圣陶在《文章例话序》中说："作文是生活的一部分，生活犹如溪水，源泉丰盈而不枯竭，溪水自然活泼地流个不歇。"就是说生活是作文的源泉，只要留心观察，到处都有美的存在，教师要引导学生做生活的有心人，善于捕捉生活中美的瞬间，如春天的一抹新绿，秋天的一片枫林，婴儿的第一声啼哭，夕阳中老两口的相扶相持，等等，这些瞬间又包含着不同寻常的哲理，不同寻常的真善美，能触发学生的心灵，引起他们思索，当学生对生活的感受和情感的储备达到了比较丰富的程度，心中的写作欲望便逐渐萌动和强化，最后不可抑制，不吐不快。

2. 提供实践机会，提高审美情趣

审美教育不像自然科学那样，用概念和逻辑论证法直接说明某个道理，而是用艺术的形象美和现实生活的美，去揭示人生真理。比如，要培养学生感受、想象、鉴赏、审美、表现与创造的能力，我们相应就应给予学生实践活动的机会。像社会调查、综合实践、社区服务、公益劳动、科技发明、乡土教材、参观访问、废物制作与利用等等，都可以帮助学生形成审美的眼光和创造美的能力。通过这些实践性活动，让学生主动地去感受来自自然的诸多印象，然后做出富有个性的反应，培养审美创造精神。在教学中，应当遵循审美的规律，多给学生感悟与实践的机会，引导学生展开想象，进行比较。教师不要急于用简单的讲解代替学生的感悟和认识，而应当通过比较、讨论、交流、激励等方法，引导学生思考、鉴别、判断，教师要善于唤起学生心中的感受，并利用这种感受所引起的愉悦去优化教学情境，努力提高他们的审美情趣和审美能力。

当然有时候，学生的审美感受能力的确有限，有些美的事物往往感受不到它的美，有时觉得有些事物很美，却说不出具体美在什么地方，因此教师在教学中要引导学生感受美，挖掘美。美不仅是云之青白飘逸、山之雄伟高大、水之微波荡漾，春花秋月、夏花冬雪……飞奔的车辆、新建的大厦、闪烁的霓虹灯是美，农民黝黑的皮肤、工人油渍斑斑的工作服、教师沙哑的声音也是美。

教师要以一颗火热的热爱生活的心带领学生去感受、体验生活。"外面的生活很精彩",教师要多组织学生外出亲近自然、亲近生活,看日月星辰、听鸟语花香、登名山大川、访名胜古迹。丰子恺说:"大自然是美的源泉,艺术的源泉,亦可说是人生的源泉。"让学生在大自然的怀抱中感受到美的存在、美的神奇,组织学生参加社会实践,下工厂,去农村,参加劳动,听英雄人物的报告,参观博物馆,瞻仰烈士等,让他们在火热的生活实践中感受到生活的丰富多彩,积累写作素材。另外,还可以利用书籍、报刊、电视等现代传媒的力量,拓宽学生的生活视野,丰富他们的人生体验,提高他们的审美感受和鉴定能力,积累更多美的素材。

3. 借助多种艺术,活化美的意境

艺术是相通的,语文教师经常可以借用其他艺术形式开阔学生的想象空间。语文与配乐在此起了重要作用。语文是最不可言说的艺术,你能听懂一曲小号,但你不一定能说明白这曲小号;你能听懂一曲二胡,但你不一定能写清楚这首二胡曲。锁呐曲的高亢悲凉,古筝曲的音韵深沉,萨克斯曲的柔肠百转,它所牵动起的百般感慨、千种思绪、万端情怀,因人而同又因人而异,其滋味、其意味、其况味常常闭眼则有,开眼则无可言传。因此,配乐朗读是语文教学中常用的手法。比如:学习《纸船》时在迁移拓展的环节中可这样设计:"冰心把诗歌折成了一只纸船,你们又可以把你们的爱折成什么呢?仿照《纸船》第三节的格式,将你爱着的人或物作为倾诉对象,写几句诗,并配上乐曲深情地读出来吧。"学生的情感之弦被文本拨动了，才能跳出文本用真情去再创造。所以恰到好处地深情在此时是绝对能触发学生的创造灵感的。

生活中有些美有时候确实不易被人发现，这就要求教师能够善于引导学生深入挖掘出美，充分感悟出其内在的美。例如，许多人对落叶并不感到美，甚至觉得有些凄凉，教师指导学生仔细地观察，细心地体会，就能够发现落叶在秋风中飘落，具有流动和参差美；落叶飘落到大地，具有悲壮美；落叶渗入泥土化作肥料，具有奉献美。对于爬山虎，学生感觉它很美，却说不出美在什么地方，教师可以启发学生观察爬山虎的颜色，形状，生长的地方，和其他藤状植物进行比较，品味它的内涵。我的一位学生在作文中就这样写道："爬山虎绿莹莹的枝蔓上长有卷须，卷须先端发育成小的吸盘，爬出墙壁后分泌黏液死死地吸附在壁上，咬上墙壁一步步地往上蹿，我从爬山虎身上分明读到一片炽热的情感，聆听到一种向前疾行地呼唤"，这篇文章挖掘出爬山虎的顽强精神之美，催人奋进。因此教师要引导学生在观察时，要用心去观察，赋予物以生命，不能仅仅把物当作物看待，而是要用我们的心与物进行交流，使他们具有生命律动和灵性，才能感受到其内在蕴含的美，如梅花"凌寒独自"的坚贞，荷花"出淤泥不染"的高洁，白杨树"叶叶皆团结，枝枝争上游"的努力向上，松树"大雪压青松，青松挺且直"的傲然，还有"月落乌啼霜满天，江枫渔火对愁眠"的孤寂，"会当凌绝顶，一览众山小"的气魄，"采菊东篱下，悠然见南山"的闲适。总之，只要学生能够做到以我心观物，便能在平凡的事物中发现动人的美。

4. 合理运用"空白"，培养创造美的能力

在文学接受中，读者之所以能发挥阅读的创造性，是因为文本存在着许多不定点的"空白"，它们呈现出多向性，为读者在作品具体化过程中提供了多种多样的选择，使读者可以根据自己的审美体验补足它们，于是读者的想象力、创造力才得以充分发挥。文学作品的确存在着意义"空白和不确定性"，各语义单位之间存在着连接的"空缺"，这些成为激发诱导读者进行创造性填补和想象性连接的基本驱动力，它会发出一种填补空白、连接空缺的无言邀请。"空白"是一种艺术表现手法，它能使艺术作品虚实相映，形神兼备，创造出一种"无画处皆成妙境"的艺术境界，给人以美的享受。语文教学既是科学，亦是艺术。因而，空白是语文教学的艺术性表现之一。从心理学角度和美学角度来看，"空白"易使人产生一种急于填补、充实，并使之匀称、完美的倾向，语文教学中合理运用"空白"有利于刺激学生的求知欲，有利于培养学生创造美的能力。教师在作品解读流程中，要以自己的作品中似是而非的模糊处，计白当黑的空白处，以一当十的凝练处，语微旨隐的含蓄处，戛然而止或耐人寻味的结束语，启发想象，叩开学生灵感的心窗。朗吉努斯说："美的文辞就是思想的光辉"，美的发现和感受还需要用优美生动的语言表现出来，这样才能创造美，反之，内容虽美，但是词不达意，语言贫

乏，就说不上美，更谈不上吸引人，因此教师平时就要指导学生锤炼语言。

叶圣陶先生曾说："一句话不只是写下来就算了，还要成为表达这意思最适合的一句话"，要在语句的语气、神情中间传达出作者特殊的心情、感觉，优美的语言首先要形象生动，形象生动是语言要求的第一要义。灵活运用修辞方法，能使语言更加鲜明形象、生动活泼，如"教室里静得能听见空气的流动声"，运用夸张来表现教室安静，形象生动；又如"花朵在枝上聆听着春天的脚步""有时候春天是没有脚步的，是披着绿纱乘着轻风来的"，运用拟人把春天到人间写活了；再如"细雨绵绵，如同扯不断的丝，剪不断的缕，我的烦恼就像这丝缕，没有尽头"，把抽象的、摸不着看不到的烦恼比喻成千丝万缕，形象生动。

其次，语言还需要具体生动，写人记事，状物抒情，仅仅语言通顺，善用修辞是不够的，具体细致地描写能增加文章的感染力。如有一位同学写早上自习默写的情景，"开始默写了，教室里一下安静下来，只听见沙沙的写字声，同学们奋笔疾书，就是一只蝴蝶飞进来，同学们也不会分心，十分钟后，默写完毕，组长开始收卷，大家吵吵嚷嚷，议论开了。"有位同学写同样内容，"开始默写了，教室里十分安静，我偷偷环视一下，同学们真是各具情态，有些同学的手在两肘间使劲地搓着；有的同学的手在微微发抖；有的同学膝盖上放着课本，低着头，口中念念有词；有不少同学正襟危坐，一副胸有成竹的样子。十分钟后，默写结束，组长开始收卷，只见有的同学趁组长未到，在那里快速赶工；有的同学偷偷翻开书的一角，迅速瞄一眼，写几个字，生怕老师看见，那神情如同得手的小偷；有的同学愁眉紧锁，嘴里还嘟嘟喃喃；有的眉开眼笑，和别人谈笑风生；有的喜忧参半"很显然，后面的同学比前面的同学描写得具体，详写了人物的动作表情，比较传神、生动。当然不能为了追求语言的形象、具体、生动，滥用修辞，过分地雕琢加工，面面俱到，洋洋洒洒，如果不能恰当地表现事物的特点，为中心服务，那就宁可不用，所以语言一定要准确、恰当。

### 2.3.2 能力的培养

教师在平时教学时，就要有意识地培养学生遣词造句的能力，观察看到的事物或景物时，当即就要学生用恰当的语言表达出来，并且相互比较，谁表达得恰当生动，为什么这样表达恰当，长期的训练就会使学生有意识地揣摩语言，自觉地养成锤炼语言的好习惯。教师还可以让学生准备一本摘录本，平时看到的好词好段，就把它记下来，等积累得多了，再分门别类地进行整理，等到写作文的时候，就可以从中挑选精彩语句，还能启发写作思路。教师还可以有计划地做一些仿句、造句的练习，多背诵一下名家名篇，时间长了，学生自然下笔有神了。

1. 选用恰当的形式

美学家朱光潜说："在作文运思时，最重要而且最艰苦的工作不在搜寻材料，而在有了材料之后，将它们加以选择与安排，这就等于说，给他们一个完整而有生命的形式。"这里的形式就是指作文的谋篇布局，一般来说，一篇文章的结构要求完整连贯，首尾呼应，过渡自然，疏密相间，错落有致，就是古人说的好的内容必须有好的形式，好的谋篇布局能使文章主题更加突出，内容更加清楚，并且能增加文章的表现力和感染力。反之，一篇文章段落杂多，条理紊乱，详略不当，内容再健康，也谈不上美，从这个意义上说，"变迁了形式，也就变迁了内容"。

在作文教学时，教师要多引导学生注意布局谋篇的重要性，可以引导学生进行联想比较，这篇文章不这样安排，结构会产生怎样的效果；如果把倒叙改成平铺直叙效果会怎样；略写的材料如果详写会怎样；如果用"题记"的形式，用精辟、深刻的语言把文章的中心显示给读者看会怎样；如果改成首尾照应会怎样；通过比较，优劣自然分明，学生在写作中自然会主动地追求恰当的形式了。在作文实践中可以采用一文多人写，或一文多次写的方式让学生在实践中提高谋篇布局的能力。如果说文章的中心是人的心灵美，那么文章的形式就是人的外在美，心灵美固然重要，但外在美同样不可以忽视。追求文章的形式美，可使思想感情更好的外化出来，无形中给文章升了一格，而且能培养学生做事的条理性、完整性、严谨性，有助于他们良好习惯的养成，只有内在美和外在美和谐地统一，才是一种和谐的美。

2. 指导学生修改

《语文课程标准》中说："重视引导学生在自我修改和相互修

改的过程中提高写作能力"，这不仅要注意学生修改作文内容的情况，而且要关注学生修改作文的态度、过程和方法。但是我们的作文教学往往重视教师改作文，并把教师改作文的质量和数量作为考核教师的重要内容之一，而忽视了让学生自己动手修改作文。其实文章本就有优劣之分，教师批改一篇文章，费尽心思改了，本子一片红，看起来认真负责，学生拿到本子，看一下分数，改一下错别字，往书肚子里一塞，这种现象让我们语文教师看着心寒。所以教师修改作文实际上是越俎代庖，严重束缚了学生的创造力。

好文章是改出来的而不是写出来的。鲁迅先生曾说："写完后至少看两遍，竭力将可有可无的字、句、段删去，毫不可惜"。叶圣陶也说："文章自己改，学生只有学会改的本领，才能把文章写好"。当学生交上一篇没有经过修改的文章，说明他们的目标是完成一篇作文，而不是尽最大的能力把作文写好，因此我们要培养学生修改作文的能力和习惯，最大可能发挥他们的写作潜能。

指导学生修改作文，不仅能激起学生的写作兴趣，而且能促进学生的思考能力，使他们对问题不断深入的探究。作文修改还可以用互改的方式，批改别人的作文，指出他们作文中的不足，学习他们的长处，写上自己赏析性的话语，有利于同学之间的互相合作，取长补短，而且能使他们受到多方面的教育熏陶，提高明辨是非的能力，同时还能培养学生严肃认真的写作态度。

　　可见，审美教育不单是提高学生的感受美、鉴赏美的能力，更重要的是培养学生的审美创造力。因为只有通过审美创造，才能使客观的审美对象得到丰富和发展，使学生将来在自己的生活中按照美的规律创造美，这才是审美教育的目的所在。

# 第3章 语文阅读中审美教育的作用

审美教育在青少年的全面发展过程中具有重要作用，它既是形成青少年的审美观和高尚情操、培养青少年感受美、鉴赏美和创造美的能力的教育活动，也是形成青少年正确的人生观和高尚的品德、增强青少年创造幸福生活能力的教育活动。

语文教学可以提高学生审美判断能力。审美判断指审美评价。审美评价是对审美价值的主观认识，审美评价既受审美主体本身的个性、审美能力、审美需要的制约，又受审美对象的制约。语文教学的读，能使学生在听的过程中自觉地进行审美判断，真切地感受到作品的情韵和气势，使他们沉浸在作品的审美境界里，使学生受到美的感染和激励，怡情怡性，陶醉在高尚的精神享受中。比如：《秋天》中教师可以刻意突出诗歌的节奏和旋律以及富有艺术性、语文性的演奏技巧的范读，体现出在诗人何其芳的眼里秋天也有绚丽的色彩，丰收的喜悦。让学生走进他的秋天，感受到一个别样的秋天。

语文教学有利于培养学生的审美情感，审美情感是审美感受的重要心理形式，审美情感以对审美对象的感知为基础。是从审美感知过渡到审美想象的必要环节。学生是从丰富多彩、鲜明生动的审美对象中获得的感知，由于情感的融入而获得新鲜的生命，出现"浮想联翩""神采飞扬"的状态，从而形成审美情感。审美情感被认为是学生创造思维发展的最有利的因素，语文课中可以通过众多优美的文学作品来塑造学生多方面的审美情感。在不同文章所表现的思想内容和审美情趣中教会学生做人的标准和崇高的理想追求，从语文教师的语言美、板书美、行为美中影响学生良好的德行和审美情操。比如：《世间最美的坟墓》中的朴素美；《冬天之美》中的自然美；《我的信念》中居里夫人献身科学、淡泊名利的崇高美等等，都是最直接的感知材料，学生可以通过视觉、听觉，阅读去直接感受作品中的美。比如《沁园春·长沙》这首诗，首先要体会作者的心胸之美；其次体会诗人笔下景物之美。诗人虽然只从视觉这一层面上看到景物，但既有动景又有静景，既有近景又有远景；第三，体会诗人的文字之美。诗人用词之精当、优美、形象，极富表现力。

语文教学能培养学生在比较中追求美的能力，有比较才有鉴别。在艺术创作中，作者常常凭借黑白、明暗来表现艺术的美。如臧克家的《有的人》是一首纪念鲁迅的诗，诗人把"俯首甘为孺子牛"的鲁迅和专吃人肉和人血的剥削者做对比。这种剥削者虽然活着但却是行尸走肉，在人民心中早已死了，而俯下身子给人民当牛马的鲁迅虽然死了，但他的奉献精神、他的战斗思想却永远活在人民心中。诗人运用对比的手法，把鲁迅的形象塑造得极为高大美好。学生学习了鲁迅的伟大精神和人格后，会自觉或不自觉地树立一生甘愿做野草，甘愿做人民的孺子牛的精神境界。

审美教育是人类全面教育的一部分，是人类实现自我发展的重要途径。审美教育不同于一般的教育，它不具有强制性，它引导受教育者的精神在接受审美客体的刺激后，使受教育者的精神世界处于积极的兴奋状态，和审美客体造成感情共鸣，从而在愉悦中凭借形象思维，在不知不觉中主动地、潜移默化地受到教育。而语文教学的目的就是使学生热爱祖国语言，能够正确理解和运用祖国的语言文字，具有现代的语文阅读能力、写作能力和听说能力，具有阅读浅易文言文的能力，而且要在语文教学过程中开阔学生的视野，发展学生的智力，培养学生的社会主义道德情操，健康高尚的审美观和爱国主义精神。简而言之，就是既要传授知识又要进行思想教育。教育学研究成果告诉我们："教学成效的大小取决于学生在接受知识过程中精神活动的主动性。因此要从根本上改革我们语文教学的途径和方法，就是要充分调动学生在接受知识过程中精神活动的主动性，并以此为突破口，而这一突破口的一个十分重要的通道便是审美教育"。教学有法，但无定法，贵在有法，由此可以看出审美教育可使学生从接受者的角色转变为探究者，学习亦会变得其乐无穷，教学效果自然颇佳。反之，处于被动状态之中，则只能消极、被动地接受知识信息。因此整个过程结束后，收效甚微，或者毫无所得，甚至影响了学习兴趣、破坏了学习的积极性，产生厌学情绪。这使我们看到如果教师不注重教法的运用不但会产生如此严重的后果，而且还使自己成了费力不讨好的"教书匠"。这也正是把审美教育作为一个专门的独立的理论问题加以探索和研究的原因。

18 世纪德国美学家席勒认为："从感觉的被动状态到思维和意志的能动状态的转变，只有通过审美自由的中间状态才能完成"。所以，审美教育在语文教学中是不可缺少的，只有审美教育才能使学生真正地融入知识的海洋，愿意为知识探求究竟。

## 3.1　语文阅读和审美教育的必要性

审美教育是以美学和审美教育理论为指导，自觉遵循"美的规律"，以培养受教育者的审美心理结构和审美创造能力为直接目的，以塑造全面发展的完美个性为最终指向，通过各种美的形态所进行的教育。语文审美教育是通过语文学科教育活动进行美的教育，教育学生怎样感知、理解、鉴赏，评价美、进行美的创造，树立正确的审美观，培养健康的审美情趣，形成崇高的审美理想。虽然一些中学语文教学研究者以及语文教师都可能现实而深刻地认识到，语文学科因其独特的人文性和丰富的情感性，使中学语文教学在完成审美教育的目的和任务外，陶冶情操、塑造人格方面，也是其他任何学科都无法比拟的。但当我们真正地去考察和正视当前中学教学实践中审美教育的实施情况时，我们会不难发现，审美教育在当前中学语文教学中的实施情况并不容乐观。那么，当我们面对审美教育对促进学生全面发展的重大作用和审美教育在语文学科教学中严重缺失的现实下，主张教师在语文教学中进行审美化教学就有着迫切的必要。

### 3.1.1　当前社会现实更需要在语文教学中实施审美教育

当前，我国处于一个前所未有的变革时期，人们的生活方式和各种观念也正经历着复杂而深刻的变革，价值观在变、消费观在变、审美观也在变，这些思想不可避免地影响着敏感而稚气的中学生，这使他们对一个现象或问题的看法不再是单一的，而是呈现出多元化、复杂化的特征。比如说现在的学生自我意识非常强，以个人为中心，不会考虑别人的感受，想怎么做就怎么做，从不去考虑这样做的后果，与人相处困难较多，表现为缺少宽容意识，斤斤计较，只想索取，从不想付出，认为别人为自己的付出都是天经地义的，遇到矛盾不会化解，不懂得宽容为怀。部分中学生对社会、对家庭缺乏起码的责任感，责任意识也很淡薄。所以现实生活里的中学生关于生命意识、责任意识、宽容意识、超越意识相当淡薄，出现这些状况的原因除了社会因素外，还有一个重要的原因就是学校对学生忽视甚至缺少审美方面的教育，而这些意识既是中国审美文化的精髓，也应该是中学语文审美教育的重点，更是当前社会现实对中学语文审美教育提出的要求。现在的中学生由于缺乏正确的审美引导，他们当中有些人出现了审美能力的衰退，其审美情趣也明显降低，对高雅的语文、优美的诗歌散文、宣传传统美德的影视作品等表现冷淡，许多中学生对美的理解和追求存在偏差，甚至存在误区，他们片面地认为奇特就是美，怪异就是美，甚至认为丑就是美，喜欢讲究个性，与众不同，新潮、另类是他们有个性的表现，前卫是他们表现"酷"的手段，结果造成形象不伦不类，行为不三不四。所以现实生活的审美要求决定了当下中学语文审美教育的内容，也决定了当下中学语文审美教育是中学语文教学发展的必然。

### 3.1.2 当前语文教学现状必须加强审美教育

语文学科的性质一直争论不休，在很长时间里，语文学科重工具性轻人文性，语文课不像语文课，而变成了思想政治课，它的政治功能曾经强化到无以复加的程度，从教学大纲到教学文本，无不体现出政治功利主义目的。在语文教育中，思想政治教育成为主要内容，即使有几篇好一点的文章也主要分析其思想内容，语文教育特性的文学功能被弱化，失去语文味的语文教育必然造成学生思想感情的严重"贫血"，也因此造成人文价值、文化底蕴的严重流失。随着语文课程教学改革的推进，这种情况近几年有所改观。但是令人心疼的是语文教育又走向了另一个误区，本意在于提高学生素质，或者为了出教学成果，语文教育又走进了完全功利性的应试教育的误区。应试教育的盛行，中考的影响，语文的审美教育被弱化、淡化。比如一个中学学生三年中学的语文学习，基本上就是围绕着中考转圈，中考考什么，老师就讲什么，甚至到初三时有的语文老师根本就丢掉语文课本中的经典美文，而把所有的精力和时间放到了如何提高学生的答题技巧，如何应对中考上去了，语文审美教育已成为一纸空文。试想这样的语文教育又怎能让学生从中感受到一点美感呢？教学中教师往往强调语言知识的传授和一些基本技能的训练而忽视了审美能力的培养，仅仅从工具、应试的角度出发，将语文教学功利化、世俗化，使语文教学彻底沦为应试的工具，从而破坏了语文教学的完整、和谐的美，背离了语文教学的根本目的。难免学生这样形容语文课："一是灌，二是串，再不就是满堂练。"这种程式化、僵化的教学不能充分调动学生学习语文的积极性和主动性。

### 3.1.3　加强审美教育是应试教育向素质教育转变的途径之一

应试教育把语文当作工具，这种功利性的目的，遏制了审美冲动，教法上重理性分析，"单向灌输"的教学形式置文学作品和语文教学的固有特征、规律于不顾，用抽象的概念代替培养美的感情，用推理代替想象，用枯燥乏味的逻辑分析或繁复零碎的训练代替对作品的美的感悟，形成了僵化的教学模式。审美教育的缺失，导致语文课堂打动不了学生的心，激不起学生的学习兴趣。显然应试教育已经严重阻碍了学生的审美发展。

素质教育的推行弥补了应试教育的缺憾，培养了全面发展的一代新人，并适应了社会发展与人的发展的规律。随着社会日新月异的飞速发展，人们的关注热点如"知识经济""创新意识""素质教育"等概念都十分明确地影响着语文教学。这些概念和时代的需要都给语文教学提出了一个迫切要求——必须在教学过程中加强素质教育。而在语文教学中，加强素质教育的一条途径就是必须切实地实施审美教育，首先，素质教育是以全面提高国民素质来培养能力。而语文审美教育就是通过美的教育培养学生个性的全面发展，提高学生感知、想象、创造美的能力，为学生的和谐发展准备了条件，为使学生成为和谐发展的人提供了前提。比如人物美让学生感受到人物的形象美和心灵美，告诉学生要做一个怎样的人；情感美使学生切实体会到人的心理活动的感染力，能够培养学生具有丰富多彩的感情；语言美让学生感受到祖国语言文字的美的所在，并能自觉地在实际生活中驾驭、运用美的语言。不难发现，语文教学能够培养人的审美素养，并推进素质教育的实施。其次，当下中学语文审美教育本身就符合素质教育的发展要求。素质教育要求学生是学习的主人，是学习的主体。也就是说，在教学过程中，教师要注意调动学生的积极性，使学生自主学习。这就要求我们的教学活动应是愉快轻松的，而不是呆板紧张的，其间，教师必须注意以情动人，提倡"寓教于乐"。在审美教育教学过程中起主导作用的因素是情感因素，这种因素是语文教学的灵魂所在。教师只有"动情"，才能"辞发"，才能按照自己的情感做出不同的美学评价，其教学才能产生感人的艺术魅力。实施语文审美教育就是为了更好地让学生成为学习的主人，更好地发挥学习的主动性和积极性。只有这样，学生才能进入语文学习的情境之中，产生出好的、美的情感来。应该说，当下实施语文审美教育为学生提供了更为广阔的发展空间，使学生在学习过程中产生愉悦的情感，这样学生就更能够快乐地接受知识。素质教育还明确提出要让学生发挥个性，自由发展，不要束缚学生，应充分发挥学生的创造性。而这个前提就是必须有自由，要有发自内心地对美的渴望。审美教育的一个显著的特点就是要挖掘审美对象身上一切可能的美的特质，以满足审美者本身的那一种发自内心的、自觉的审美需求，它不具有任何强迫性和任何内在或外在的压力，审美者完全是因为美本身的魅力而吸引住的。所以，融入了美的教育就是一种创造性的教育。在这种教育中，受教育者有充分的自由度和自主性，这样就能够充分地展开自己想象的翅膀，进行美的创造。所以当下中学语文实施审美教育是中学教育真正实行素质教育的前提。

### 3.1.4　实施审美教育是中学语文教学改革的重要内容

2000 年 3 月教育部基础教育司正式颁布实施了《全日制普通中学语文教学大纲（试验修订版）》，强调："进一步培养学生热爱祖国语言文字，热爱中华民族优秀文化的感情，培养社会主义思想道德和爱国精神，培养高尚的审美情趣和一定的审美能力，发展健康个性、形成健全人格"，并进一步指出，"在培养语文能力的同时，教师要善于引导学生提高思想认识、道德修养、文化口味和审美情趣。"新版中学《语文教学大纲》中两次提到"审美能力"与"审美情趣"，一改旧大纲只强调语文课的工具性、知识性而忽视语文课的审美教育与情趣培养的做法，把"培养高尚的审美情趣和一定的审美能力"作为语文教学的目的之一。新教材在选文上，也有较大的改变，其更注重选文的审美情趣和文化内涵，选取文化内涵比较丰富、深厚的文章或文学作品，如把钱钟书、朱自清、朱光潜、王力、吕叔湘、宗白华、汪曾祺等著名作家、学者的文章选进了教材。在具体的编写上，强调对语言文学素养的积累、感悟和熏陶。所有这些都表明语文新教材已经十分重视培养学生的审美情趣。因为一个情趣高尚而丰富的人，其品德就高尚，生活就丰富多彩，他就会热爱生活，进而迸发出前所未有的创造力。如果一个人的情趣低下或枯竭了，那么他对许多事物就会感到无聊、没趣味，以至为了填补自己精神的空虚，胡乱地寻找低级趣味的东西。中学生与社会接触少，他们常常是因为从文艺作品中感受了美、了解了人生，而滋生了自己的情趣。所以，如何把审美能力贯彻到语文教学中去，把死板的记忆化为主动的想象，把频频的说教变成吸引人、鼓舞人和令人心悦诚服的忠告，使学生在学习知识的同时获得一种美的享受。如何帮助他们培养高尚健康的、积极向上的审美情趣，是当下我们语文教学的重要任务之一。为此全面推进的新课改，增加了选修课，使文学作品数量增多，它的理念是"注重语文应用、审美与探究能力的培养"，关于审美"崇高美的发现、追求与创造，应关注学生情感的发展，使之受到美的熏陶，培养自觉的审美意识和高尚的审美情趣，培养审美感知和创造能力"。新课改坚持工具性与人文性的统一，这极大地推动了当下语文审美教育的实施。

审美教育的意义在于培养人、美化人。语文教材是一个琳琅满目的美的世界，绝大多数作品无不与美有关，与人的美化有关，可以说，语文是人的精神家园，是人类审美的集中表现。这富有情感的学科是其他学科无法比拟的，在素质教育培养学生的全面发展的今天，审美教育与语文有质的统一性。在语文教学中要实施审美教育，没有审美教育的教育，是不完全的教育，其教育的本质是培养人的道德素质和科学文化素质，造就德、智、体、美全面发展的人才，最终实现人类自身的美化。

语文教学与审美教育有着本质的必然联系，语文教学是中学审美教育的重要途径，中学语文教育必然贯穿着审美教育。审美教育和语文教学血肉相连，相辅相成。我们只有在当下的语文教学中，不断地实施语文审美教育，从语文教学的内容和方法上不断地调整，进一步扩大语文审美教育的范畴，改进语文审美教育的方法，才能进一步提高学生的学习积极性和主动性，才能让语文教学在审美中发挥其主阵地的作用。

## 3.2　语文阅读和审美教育的可行性

审美教育的任务在于提高人的审美能力，去创造和体味美的生活，这个任务要靠审美主体（学生）来完成，中学生审美心理结构及特征为审美教育的实施提供了可能性。语文学科的特点为审美教育也提供了可行性。

### 3.2.1　中学生具有独特的审美心理及其特征

1. 中学生的审美心理

审美心理过程是指人在审美活动中的审美感知、审美表象和联想、审美判断和评价等心理活动的开展和持续。它反映的是审美活动中人的审美心理发生、发展的过程，即审美主体面对审美对象的刺激，在审美期待和审美态度等积极的心理状态和审美情感的影响下，充分激发和运用审美感知去识别、关注对象的审美形式特征和内容属性，并展开审美想象的"翅膀"，促进审美理解的发生，从而体会、感悟审美对象的审美价值。

（1）审美感知，审美心理活动的基础

审美感知是审美心理活动的基础，只有首先对审美对象有了感觉、知觉才会有接下来的活动，说通俗一点，就是审美对象给人的第一感觉，即当它首次作用于审美主体时，审美主体对它的反映。中学生因为对世界已经有了初步的认识，在人生的经历中对美有了一定的感知基础，因此是比较容易形成审美感知的。当然教师在教学过程中也可以采取相关手段帮助学生更好地感知审美对象，可以通过教师的启发、诱导等方式来进行，如对文章语言，学生能感知到它的美，但是不能说出美在哪里，这时教师就可以通过启发等方式帮助学生完成审美感知。如对叠词的表现力的感知，于漪老师教授《宇宙里有些什么》时，课文中有一句话："宇宙里有几千万万颗星星"。

这时，一个学生提出了问题："老师，万万等于多少？"

大家都笑起来，有一个学生说："万万不等于亿吗？"

于老师问："既然万万等于亿，那么这里为什么不说宇宙里有几千亿颗星星呢？"这一问，学生都哑了。

　　过了一会儿，一个学生站起来说："用万万有两个好处，第一，用"万万"听起来响亮，"亿"却没有那么清楚，第二，"万万"好像比"亿"多。"

　　于老师当场给予了肯定，并表扬说："你实际上发现了汉语修辞中的一个规律，字的重叠可以产生两个效果，一是听得清楚，二是强调数量多。"在教师的启发诱导下学生加深了对叠词表现力的审美感知。

　　（2）审美联想和想象，重要的审美心理活动

　　审美联想是在审美感知的基础上由一事物想到另一事物的心理过程；审美想象是审美主体在联想的基础上，使心理形态超越对象的现有时空特征，再组合成新的意向的过程。仍然拿于漪老师教学《宇宙里有些什么》为例，学生在老师的引导下对叠词的表现力有了初步的审美感知后，当他下次碰到叠词的时候就会产生联想，"一束束""一朵朵"和"一束""一朵"在表达效果上有什么不同，学生很容易想到在《宇宙里有些什么》一课所学到的知识，这就是一种审美联想。鲁迅《故乡》文中的"迅哥儿"就是在少年闰土和他的交流中，在闰土的描绘下想出了"深蓝的天空中挂着一轮金黄的圆月，下面是海边的沙地，都种着一望无际的碧绿的西瓜，其间有一个十一二岁的少年，项带银圈，手捏一柄钢叉，向一匹猹尽力的刺去，那猹却将身一扭，反从他的胯下逃走了"这样一幅美丽的画面，这是小说中人物的审美想象。

对于学生而言，学生在对文本有了初步感知后，也可能在头脑中产生想象和联想，根据作者的描绘，同样是"深蓝的天空中挂着一轮金黄的圆月，下面是海边的沙地，都种着一望无际的碧绿的西瓜，其间有一个十一二岁的少年，项带银圈，手捏一柄钢叉，向一匹猹尽力的刺去，那猹却将身一扭，反从他的胯下逃走了。"但读者脑中可能出现另一幅画面，另一个刺猹少年英雄，各人的想象中带有自己生活的影子。

（3）审美情感是审美心理活动的动力因素

审美主体在对美的感知理解上总会产生一定的情感，这就是审美情感。审美情感是指客观事物现象是否符合主体的审美价值取向（审美观念、审美标准、审美需要、审美兴趣等）的主观体验和态度。在这里，审美情感指的是一种积极的态度、体验，它和其他情感不一样的地方就在于它是专指积极方面的情感，而不指消极方面的情感，但其他的情感有积极和消极之分。在审美状态下，即使痛苦、悲伤、凄凉等消极的情绪体验也最终为审美的无利害关系、审美的无功利性转化为一种愉悦的体验。如在审美活动中，通过审美对象所激起的与美的风格相对应的四种情感：优美感、壮美感、悲剧感和喜剧感，这些都是积极的情感体验。审美情感是审美教育心理活动的动力因素，是审美活动的动力源泉。审美情感参与审美感知、联想和想象的全过程，并与上述各环节相配合，共同实现审美功能。因此，中学语文教师在审美教育时可重视审美情感的激发和培养。或设置审美情境，烘托学习气氛，或以审美形象诱发，或用教学语言渲染，或用表情强化，以真情实感、真知灼见去征服学生，使中学生如沐春风，生动活泼地参与学习，获得知识，发展能力。

（4）审美判断和评价作为审美价值的认识

审美判断是审美主体根据一定的审美标准对客观事物具有的审美属性的判断。审美判断贯穿于审美欣赏的全过程，主要是通过肯定事物的美与丑的形式表现出来。审美判断的关键是一定的审美标准，即主体在审美活动中判断、衡量对象审美价值的有无或高低的尺度。在审美欣赏过程中，中学生总是自觉或不自觉地根据自己的审美标准对对象做出判断，由于每个人的审美标准、审美修养、审美能力等的差异，所以，审美判断也表现出一定的差异性。审美评价是审美主体通过对审美对象的感受、体验和理解之后，对其外在表现形式和思想内涵等审美属性所做的理性判断。如有的人会认为朴素是美的，有的人可能认为朴素不美，华丽才是美的；有的人以菊花为美，有的人以牡丹为美，有的人以莲花为美。当一个人认为什么事物是美什么事物是丑的时候，他已经对事物做出了审美判断和评价。对于同一个事物，有的人认为很美，而有的人会认为不怎样，这才有"萝卜白菜，各有所爱"的说法，也正是因为审美判断不一，才有大千世界在各人眼中不同的美。当一个人的审美观出现偏颇之后，甚至会以怪异为美，以奇特为美，这些都是审美主体根据自己的积淀对审美对象所做出的判断和评价。

2. 学生的审美心理特征

不同年龄段的人拥有不同的审美心理特征。儿童进入中学时期以后，由于知识、经验的积累，思维和想象能力的提高，情感的丰富、稳定和性的成熟，其审美心理也逐渐成熟起来，审美意识、审美观念初步形成。这一时期，审美心理的主要特点表现在如下几个方面：

（1）审美感知敏锐

中学生不同于小学生，小学生对美的感知还比较木讷、不敏感，中学生因为审美经验的积淀，阅历的增加，又处于青春期，对任何事物都比较敏感，当然对美的感知也很敏锐，属于易"感"人群。比如，教师穿一套新衣服上班，小学生没有多大反应，不会对教师的穿着打扮窃窃私语，品头论足，在他们眼中，教师的新衣服实在不如橡皮筋有吸引力。但是对中学生就不一样了，中学生很快就能感受到教师今天和昨天穿得不一样，这件衣服穿在教师身上效果怎样，怎样穿更好看，他们甚至三五成群地在一起对教师评头论足，给教师在身材、容貌、气质、打扮等方面打分。在小学很少能听到关于班级"四大美女""几大帅哥"之类的称呼，但在中学，女生们会以她们的审美标准评出班级的帅哥，男生们也会以他们的审美标准评出班级的班花。无论中学生对教师的品评还是对班级同学的议论都是他们审美感知敏锐的一种表现。

（2）审美联想想象活跃

他们不仅审美感知敏锐，而且审美联想想象活跃。中学时代是最具想象力的时代，正是因为他们有丰富的想象力，所以面对审美对象的时候能产生美好的想象和联想，像《蒹葭》中所说的"伊人"是没有任何描绘的，不知道她到底身高多少，体重几何，肤色怎样，性情如何，但是从"溯洄从之""溯游从之"能感受到这是一位绝色美人，正是因为没有对其美貌的具体描绘，学生可以根据自己的想象想出她的美丽，可以肤如凝脂，艳若桃花，可以是"巧笑倩兮，美目盼兮"的美人，也可以是不食人间烟火，冷若冰霜的冷美人，既可以是白玫瑰也可以是黑玫瑰。再如，他们读文学作品喜欢充当里面的一个角色，这是因为他们感知到文学作品里的美，美的感知调动了他们的想象和联想，这样他们容易与作品中的人物同喜同悲。女生读了《红楼梦》便把自己想象成林黛玉或者薛宝钗，男生读了《红楼梦》感觉自己就是生活在贾府中极尽宠爱的贾宝玉。

（3）审美趣味具有差异性

在对美的欣赏和判断时，审美主体更多地会对审美对象以及审美对象的某些方面表现出特别的喜好和偏爱，这种喜欢和偏爱就是个人的审美趣味。审美趣味带有明显的个人喜好，中学生因为个人的生理心理素质、科学文化素质、生活经历阅历等导致原有的审美经验不同，从审美对象上所产生的审美趣味就会有较大的差异。比如《红楼梦》作为一部百科全书式的作品，它里面作为美的因素太丰富了，有为人处世之美，有茶艺棋道之美，有衣着打扮之美，审美主体不可能对所有的审美因素都表现出相同的审美趣味，总是选择自己偏好的一方面或者几方面加以感知，体现出审美趣味的个性差异。鲁迅说："一部红楼梦，经学家看见易，道学家看见淫，才子看见缠绵。"说的虽然是个体不同的阅读收获，放在审美角度来看也可说明每个人因为自己审美趣味的不一样而呈现出差异。

（4）审美态度积极却呈现情绪化

学生因为处于青春期，他们的自我意识不断增强，开始关注和评价自己的内心世界和个性品质，并且借此来支配和调节自己的言行。他们对周围的一切都非常好奇，总是积极地应对周围的一切。他们很容易被美的事物吸引，容易感受到"美"，如他们很容易就会唱最流行的歌曲，知道最流行的发型、服饰，对作品中的人物容易产生同情、憎恶、崇拜等情感倾向。但与成人相比，中学生情绪还不稳定，情绪反应更多地表现出心境变化的特点，受情绪的支配，中学生在审美活动中的审美态度也就有情绪化的特征。中学生由于处于情感最丰富的时期，容易激动，富于幻想，他们在阅读文学作品时，会不由自主地在其中"扮演一个角色"。适度的扮演当然可以促进主体对人物情感的审美，但是有时候过犹不及，中学生因为情绪的不稳定性往往没有把自己和文中的人物区分开来，失去了合适的"度"。比如有的女生看了琼瑶的小说总幻想自己就是其中的女主角，为爱而生，为爱而活，总想在现实生活中找到那样的白马王子，结果除了蹉跎还是蹉跎。英国心理学家布洛认为，在审美活动中，审美主体与审美客体之间应有一个适中的"心理距离"。距离过远或过近都不能产生良好的审美心理。

审美教育在学校教育中的实施主要是通过学科教学来实施的，而语文学科因其独特的人文性和丰富的情感性，使其成为审美教育在学科教学中实施的主阵地，文学课有权被认为是学校进行审美教育的基本工具。其教学内容所具有的独特的审美属性、教育形式所具有的丰富的审美因素都为语文审美教育的实施提供了可行性。

### 3.2.2　语文教学内容具有丰富的审美因素

语文教材被誉为"语言的图画""生活的教科书"，是一个弘扬真善美相结合的世界。它远远超过了学生获得直接经验的生活圈，极大地扩展了学生的视野，从中可以鸟瞰古往今来人类社会活动的各种人文景观，又能远眺未来生活科幻想象中的各种人事物象。语文教学内容丰富，所蕴含的审美因素也丰富，语文教材包含自然美、社会美、艺术美等内容。语文教材的内容蕴含着丰富的自然美，无论是古诗"大漠孤烟直，长河落日圆""日出江花红胜火，春来江水绿如蓝"还是词曲"枯藤老树昏鸦，小桥流水人家"，无论是"北国风光，千里冰封，万里雪飘"还是《故都的秋》，无论写北国还是咏江南，无论是古代的还是现代的，这一幅幅表现自然景物的美妙图画总是带给学生无限的自然美感，留给学生无限的想象，使他们从中领略大自然的美，获得美的享受。"登山则情满于山，观海则意溢于海"。当代美学家朱光潜说:"我们在欣赏一片山水而觉其美时,就已把自己的情趣外射到山水里去,就已把自然加以人情化和艺术化"。

所以有人说:"一片自然风景就是一种心境"。美的景物激起作者情思地涌动,涌动的情思又赋予景物更多主观的色彩。情与景会,景与情融,此时传达给读者的,不只是一种美的图像,更有无穷的美的意蕴。语文学科在这方面有着得天独厚的优势,教材里有许许多多这样的材料,他们都必将成为学生的审美对象,在审美过程中得到美的教育,美的享受。

社会美是指社会生活中各种事物、现象的美和人的美,它包括人物美、劳动美等。其中人物美在社会美中占据中心地位,而高尚的道德情操、进步的人生观又是人物美的核心。在中学语文教材中,有许多正面人物,像《一件小事》中敢于负责、正直无私的人力车夫和严于解剖自己的"我",《丰碑》中宁可自己冻死也要保护战士的军需处长,《小巷深处》中那位瞎眼的英姨,《藤野先生》中正直严谨的藤野先生,《七根火柴》中那位生命垂危却精心保存七根火柴的无名战士,《我的老师》中热爱学生、热情公正、温柔美丽、教导有方的蔡芸芝老师,这些都能使学生读后心有所动,为其中的人物感动,感受到生活中的美,从而从中受到教益。

艺术美又可细分为很多种类,体现在语文方面也有很多,如语文学科的语言美、文章结构的构思美,营造的意境美等等。文学本身就是语言的艺术。语文美是文章遣词用句的美。中学语文教材中，有很多是文质兼美、脍炙人口的名篇佳作，蕴藏着丰富的语言美的资源，有的清新自然，如清澈的小溪，如朱自清的《春》，语言毫不华丽，读来却动人心魂，读了《春》眼前似乎就出现了一片生机勃勃的景象；有的俏皮活泼如一个调皮的小孩，如舒婷的《在那颗星子下——记中学时代的一件事》，读完后，还为其中的语言叫绝，回味无穷；有的朴素无华如淳朴的农民，如史铁生的《秋天的怀念》，朴素是最打动人心的，稍有一点生活经历的人读这篇文章无不为之动容，几个叠词的运用就勾勒出一个含辛茹苦抚慰儿子的母亲形象。

构思美是从行文的谋篇布局来说的，有很多作品都是匠心独运的。如《驿路梨花》，文章的标题就给人以美的感受，有诗意的感觉，看完后更是窥见作者的构思之巧，文章以"我"和老余的见闻、行动为线索，以"谁是小屋的主人"为悬念，把十几年的事情浓缩在十几个小时中。文章悬念迭出、平中见奇、层层深入、扣人心弦。又如欧亨利小说的结尾都已经形成了一种文学样式，出人意料却又在情理之中。

意境是指作者的思想感情，亦即文学作品中所描绘的生活图景和表现的思想感情，其融洽一致而形成了一种艺术境界。它能使读者通过文字展开丰富的想象和联想，犹如身临其境，并在思想感情上受到感染，产生共鸣，接受熏陶。如王维的《山居秋暝》此诗以一"空"字领起，格韵高洁，为全诗定下一个空灵澄净的基调。全诗动静结合，相辅相成，相得益彰。月照松林是静态，清泉流溢是动态。前四句写晚景之幽静，五六句写渔舟之喧哗。诗之四联分别写感觉、视觉、听觉、感受，因象得趣，因景生情。这首山水名篇，于诗情画意之中寄托着诗人高洁的情怀和对理想境界的追求。诗的中间两联同时写景，而各有侧重。同时，二者又互为补充，泉水、青松、翠竹、青莲，可以说都是诗人高尚情操的写照，都是诗人理想境界的环境烘托。诗虽短，意境却深。现代诗《雨巷》《再别康桥》等等都是创造意境美的佳作。中学语文教材所蕴含的丰富的美不胜枚举。

### 3.2.3 语文教学形式具有丰富的审美因素

首先，语文课堂结构的安排具有审美因素，在上课伊始就可以以悬念、故事、警示、幽默等方式作为导入，吸引学生的注意，激发学生的兴趣。如特级教师于漪教《孔乙己》就是这样引入的："鲁迅先生在他创作的短篇小说中最喜欢《孔乙己》。为什么他最喜欢《孔乙己》呢？孔乙己究竟是怎样的一个艺术形象？鲁迅先生是怎样运用鬼斧神工之笔精心塑造这个形象的？过去有人说，希腊的悲剧是命运的悲剧，莎士比亚的悲剧是性格的悲剧，而易卜生的悲剧是社会的悲剧。从某种意义上说，是有道理的。《孔乙己》这篇小说写的是悲剧性的人物。悲剧往往令人泪下，而《孔乙己》读后，眼泪不是往外流，而是感到内心的刺痛。它究竟是怎样的悲剧呢？文章情深、意深、含蓄、深沉，细细咀嚼，深入领会，就可获得解答。"这样连续问题的提出触动了学生的阅读兴奋点，使学生处于"愤""排"的亢奋状态，基于阅读以获得对人物、对悲剧的认识，看看孔乙己是怎样的一个艺术形象，如何让人感到内心的刺痛。当学生略显疲倦之时又可以以启发、议论、发现、角色扮演、分角色朗读、竞赛等方式再次激发学生的兴趣，吸引学生的注意，形成学习的小高潮，如有位教师在讲解《再给我十年》时就采用了分角色朗读的方式形成了学习的高潮。在全课结尾处用归纳法、引申法等作结，使学生被学科知识的魅力所吸引、所征服。这种针对诸多教学环节的重点、次序、时间等进行的艺术性的组合和设计，既符合教学的基本规律，又能充分地发挥教师自身的个性特点和优势；既给予学生必要的知识，又使学生进入"最佳学习心理状态"，具有审美价值。

其次，语文课堂节奏具有审美因素。具体表现在，语文课堂的有声语言节奏，如语音强弱、语速快慢、语句重音、必要的重复等使讲课节奏鲜明、生动、活泼、富有旋律和变化。语文老师课堂声音的抑扬顿挫、饱含深情的朗读都是一种美的享受。如韩军老师上《大堰河我的保姆》一课时，韩老师朗读结束学生已经对韩老师佩服得五体投地，对诗歌已经把握理解得差不多了，韩老师充分利用了自己的特长——朗读——给学生带来了一个美的享受，相信这一堂课对学生的影响是终身的。语文课堂节奏，如板书与口语的交叉出现、板书层次、书写速度等，使板书、口语有机结合，形成和谐的整体，如讲解《秋天的怀念》时，有位老师根据学生的理解把课堂重点设计成一朵盛开的鲜花，当时所有听课教师都为之惊叹，学生也惊叹，这一堂课留给学生的不仅仅是母爱的伟大、儿子的任性和愧疚，还有那朵盛开在黑板的鲜花，教师匠心独运的板书设计带给学生美的感受。语文课堂语言信息节奏，如教学内容的详略、多寡、取舍、布局等，使教学节奏与学生心理、生理节奏相吻合，使学生感到和谐、愉快。这些既符合美学原则的一般要求，又符合语文教学本身内在独有的规律和特点，具有审美价值。

再次，语文课堂氛围具有审美因素。具体表现在，教师与学生的情感投入，教师富有情感色彩和表现力的语言烘托，教师表情与动作的感染，教学器具的直观形象等，使整个语文课堂笼罩在师生所塑造的特定的气氛和情调中，既和谐、安详，又炽烈、活泼；既有播种的繁忙，又有收获的喜悦，具有审美价值。语文教学的内容、形式中包含有丰富的审美因素，为语文教学中的审美教育提供了必不可少的基本条件，使语文审美教育成为可能。

## 3.3　语文阅读和审美教育的内在联系

语文教材对于学生而言，是一个琳琅满目的美的世界，绝大多数作品都与美有关。可以说，语文是人的精神家园，是人类审美的集中表现。韦志成指出："语文教学要用美来吸引学生，其宗旨就是在教学中实施审美教育，没有审美教育的教育，是不完全的教育，教育的本质是培养人的道德素质和科学文化素质，造就全面发展的人才，最终实现人类自身的美化。"这富有情感的学科是其他学科无法比拟的，在素质教育培养全面发展的人的今天，审美教育与语文有质的统一性，二者相互依存，互为条件，语文教学的过程应该贯穿审美教育，审美教育也可以通过语文教学得以体现。

阅读是搜集，处理信息、认识世界、发展思维、获得审美体验的重要途径。阅读教学是整个语文教学中的重要组成部分。它肩负着传授语文知识、训练语文能力、进行思想教育等的重任。它以课文为凭借，其中有的课文是精辟严密的议论文，有的是生动有趣、条理清晰或平实或生动的记叙文、说明文，有的是小说、诗歌、散文、戏剧等文学作品。这些作品的语言、主题思想和其中的人物形象等，无不蕴含着丰富的审美教育因素。可以说阅读教学是语文教学系统中最具文化价值和精神意蕴的环节，对其进行积极的追问和探寻，是我们打破传统教学模式的关键所在。发掘阅读对象的美，引发学生的兴趣与共鸣，应该是我们阅读教学中孜孜以求的目标。

### 3.3.1　阅读教学与审美活动血脉相容

语文教材中编选的课文都是文质兼美的典范佳作，是集中反映自然、社会、艺术、科学、语言等客观美的结晶。作为美的载体，它们差不多蕴含了人类文化传统中各个领域的美的积淀。凡是编入语文教材中的文章，其本身就是语言艺术美的构筑。纯净的语言、美妙的意象，引领着我们探求语文的内在世界。语文阅读教学中的审美教育就是教师要按照美的规律，用美的信息去激发、引导阅读活动的主体一生的审美心理和情感，培养学生养成

77

正确的审美准则，提高审美的素质和能力。在阅读教学中，教师应从不同的审美角度、审美层面，引导学生深入分析和理解，从而使学生得到美的教育，同时也有助于学生对课文的把握，使学生从表层性的体味感知过渡到深层性的领悟理解，提高阅读教学的效率和质量。

### 3.3.2 审美教育是阅读教学必须完成的一项重要任务

审美教育是语文教学的任务之一，教育是一个有机整体，其中审美教育是这个整体中的重要组成部分。《中共中央国务院关于深化教育改革全面推进素质教育的决定》中提出"美育不仅能陶冶情操，提高素质而且有助于开发智力，要尽快改变美育工作的薄弱环节，将美育融入学校教育全过程"因此，在语文教学中实现美育，是语文教学应有之步骤。如何用美学原理培养、增强学生的审美能力，是语文教育工作者的出发点和重要任务。《语文课程标准》中也指出"审美教育有助于促进人的知情意全面发展。文学艺术的鉴赏和创作是重要的审美活动"语文具有重要的审美教育功能，语文课程应关注学生情感的发展，让学生受到美的熏陶，培养自觉的审美意识和高尚的审美情趣，培养学生审美感知和审美创造的能力。

语文教学对于培养学生的审美能力有以下四个方面的意义：首先，语文课中的各种直接的感知材料有利于培养学生的审美情感；其次，语文教学中的朗读可以提高学生审美判断能力。读，能使学生在听的过程中自觉地进行审美判断，真切地感受到作品的情韵和气势，怡情怡性，陶醉在高尚的精神享受中。在语文教学中可以通过分析作品的方式让学生的品德得到升华，使他们沉浸在作品的审美境界里，受到美的感染和激励；再次，语文教学中的美育还可以培养学生拥有一颗热爱美的心灵；最后，语文教学中的审美教育还能培养学生在比较中追求美的能力。在艺术创作中，作者常常凭借黑白、明暗来表现艺术的美。语文课的基本任务是培养学生正确理解和运用祖国语言文字的能力，而教师在传授语文知识的过程中，也就必然包含着美育的任务的完成。语文教学不仅加深了学生对汉语的美的认识，而且也使学生受到美的熏陶，从中提高其审美能力。审美教育同时也影响着语文教学。审美教育的直接作用是培养、发展学生的审美能力，提高学生的审美文化水平，促进学生现在以至将来在生活等各个领域对待各种事物的审美关系之优化、深化。苏联教育学家霍姆林斯基说：“教育，如果没有美，没有艺术，那是不可思议的。”语文教学因其特有的人文性而与审美有一种天然的情感。审美教育影响着语文教学，审美的情感性和趣味性，能激发学生学习语文的兴趣。它还可以激发学生的学习欲，从而提高学习的兴趣。教师要充分发掘语文课中包含的美的因素，使学生将对美的热爱和追求，同对语文的兴趣和爱好和谐地统一起来，使学生通过对语文课的学习可以获得心理上、精神上一种特殊的愉悦感、美感而乐此不疲，在美的熏陶、美的享受之中促成教学相长的动力，通过这样来发展学生的语言，从而更好地完成语文教学任务。

山东大学校长曾繁仁教授说：“我们从知识经济和信息科技革命的新视觉来重新审视美育，得出的结论是在知识经济时代，美育比以往任何时候都重要，审美情感比以往任何时候也都更重要。”当今中学教育，努力使学生做到高质量的知识掌握和最大限度的智力开发的协调统一，便要求教师根据社会发展采取与学生身心发展相适应的积极措施，使每个个体都得到均衡全面地发展，为此美育显示出无可替代的作用。所以，在语文教学中如何贯彻审美教育是语文教师的责任，也是语文教师应该不断思考并实践的课题。

在语文教学中，审美教育显得特别重要，语文课的阅读教学与审美教育更是有着十分紧密地联系。在阅读教学中，应该自始至终都贯穿着审美教育。从阅读教学的任务看，审美教育本身就是重要任务之一，同时，阅读教学与审美教育又有着共同的媒介。因此可以说，阅读教学本身就包含着审美教育，审美教育完全可以通过阅读教学来实现，二者是不可分割的有机整体。因此，必须在阅读教学中把审美教育放在重要的位置，通过阅读培养学生的审美能力，又通过审美教育促进阅读能力的形成。

# 第4章　读和审美教育的探索

语文审美教育在阅读教学中占有十分重要的地位，如何在阅读教学中进行审美教育，教师要做到在教学过程中深入认识课文中表现出来的各种美的形态，运用课文中各种具体的美的形态进行审美教育，使学生在阅读过程中形成发现美、欣赏美、创造美的能力，并反作用于阅读活动，提高阅读理解能力和评鉴能力。

近几年，在教学改革中，涌现了许许多多新的审美教学模式。这些教学模式，在语文教学中都发挥了很好的作用，但随着教育改革的发展，我们还要不断地对这些教学模式进行调整或更新。而且审美作为一种能力的培养，有它自己的规范性，但同时也存在着一定的局限性，每个学生的审美体验和审美感受是不同的。尤其是各地区教育发展的水平不同，同一种教学模式，在这里适用，换个地方就不见得适用，因此，为找出适合学生实际情况的语文审美能力培养的教学模式，我们进行了一定的探索和实践，现将具体阐述。

在阅读教学中进行审美教育的探索,纵观中学语文教材体系,犹如一座由许许多多风格独特的建筑物所构筑的气势恢宏、和谐统一的壮丽宫殿。它是建筑师们按照美的准则和自己独特的审美理想所精心创造的典范。

在叙事作品中展现的美:人物美,作者通过外貌、语言、行动和心理等揭示人物性格、品质和内在思想感情的美。学生受到美的感染和熏陶,产生一种向善向美的内趋力,达到人格的逐步完善。教材中有"路漫漫其修远兮,吾将上下而求索"的屈原;有"留取丹心照汗青"的文天祥;有"横眉冷对千夫指,俯首甘为孺子牛"的鲁迅。这些闪耀着人类崇高精神的光辉形象无不对学生起着潜移默化的作用。

环境美,其一有江山如画的自然美,在自然界中,无论是大好秋色的绚丽灿烂,还是长江三峡和赤壁古战场的雄奇险峻,都给人以美的享受。然而教材里关于自然环境的描写,因经作家的审美处理,比自然美更精致、更完美、更细腻、更激动人心、更给人以美感。郦道元的《三峡》是一篇脍炙人口的散文,作者用"重岩叠嶂,隐天蔽日;自非亭午时分不见曦月"的语言,再现了巫峡的壮美。这些都显示出大自然的迷人姿色,具有明显的美育内容,我们应该使学生在掌握字、词、句、篇知识的同时,领会祖国山水的壮美,从而培养学生的审美情操,激发学生热爱祖国大好河山的思想感情。其二有亲情、友情、爱情等社会美,社会生活是丰富多彩的,但选进课本中的文艺作品,却比现实生活更典型、更集中，具有巨大的认识、欣赏美感的作用。因此教材中的文艺作品所反映的社会生活美，对人们的感染和熏陶更强烈。《母亲》中塑造的母亲，纯真无邪，为传播革命真理，勇敢，无畏，大义凛然，为革命不惜牺牲一切；《亲爱的爸爸妈妈》一文中所反映的对和平的向往、对法西斯的仇恨，无疑都在强烈地撼动着人们的心灵；又如《蜡烛》等课文反映对侵略者的反抗；《变色龙》等课文对趋炎附势、欺上压下的鞭挞；《巴黎圣母院》所反映的敲钟人的形"丑"而神"美"和《我的叔叔于勒》所反映的菲利普夫妇的形"美"而神"丑"，等等。这些无不使学生在思想、感情、心灵上受到感染，产生喜怒、哀乐、爱憎等情绪，从而形成美丑、善恶、是非、得失等审美观念。

抒情作品中展现的美，景物与主观感情相融的意境美，通过意境窥见的是作者的灵魂。古诗中，有许多情景交融的佳句，有的虽只字未提送别，笔端却饱含悠悠不尽的情思，达到了"此时无声胜有声"的艺术效果，如"山回路转不见君，雪上空留马行处""孤帆远影碧空尽，唯见长江天际流用"，有的立意新颖，构思巧妙，富有哲理，如《次北固山下》"状难写之景如在眼前，含不尽之见于言外"，流传千古的名句是："海日生残夜，江春入旧年"。这些"自然的人化"传达出美学的意蕴。

其次在文本形式方面注重审美教育，精巧的结构与主题情节的和谐，表现为一种美。如散文《春》之所以具有打动人心的力量，就是因为文章有缜密精巧的构思，玲珑剔透的结构，绵密真挚的情致，通篇洋溢的诗情画意。《爸爸的花儿落了》那明暗交错的双线结构，一是指爸爸种的夹竹桃的垂落，二是象征禀性爱花的爸爸的辞世。小说以此为题，含而不露，哀而不伤。此外议论文的提出问题、分析问题、解决问题的严密的论证结构，这些都闪现着美的智慧。更不用说诗歌辞赋的结构，散文的形散神聚。

语言美，语言美包括汉字自身的美，它凝聚着汉民族的智慧，或象形或形声或会意等，汉字还形成了世界独一无二的书法艺术，放射着奇异光彩。

组合美，组合的词句合成文段，形成意象，或绘形、或造景，与音调、气势相辅相成，以形成流动的音律美、绘画美、雕塑美，营造出美的极致。《雷电颂》之所以具有震撼人心的力量，就是因为作品构思的奇特，借助自然界雷电的磅礴气势，驰骋丰富的想象，以表现人物内心的愤怒，使情为景生，景为情活，达到情景和谐的地步；同时写景内外视角交织，并运用排比句与叠词叠句，加强了语言的气势。

节奏美，表现为语言文字的疏密浓淡。小说情节的快慢；散文情感的波澜；议论文的层层深入；说明文的主次分明，这些都表现为一种悦人心目的节奏美。

最后在文本风格方面注重审美教育，壮美表现为雄伟壮观、豪迈、刚健的阳刚美，《观沧海》《安塞腰鼓》都给人一种崇高向上的激情。《观沧海》中晚秋时节的碣石山上草木峥嵘、生机一片。日月遨行太空、银河纵横天幕，这自强不息的伟大力量来自包容万物的沧海。山，雄伟不失灵秀；海，壮阔不失厚重。整首诗从字面上看都是在写自然景物，而寄情抒怀不见踪迹。这既反映了诗人"山不厌高，水不厌深""桃李不言，下自成蹊"的政治家风范，也反映出他以"大无"化生"大有"意境的高妙艺术手法。《安塞腰鼓》浓墨大笔，抒写了饱满的生命激情。作家通过一系列对"安塞腰鼓"赞美的语词，来直抒胸臆。语词激昂，酣畅淋漓，如大河滔滔，一泻千里。作家把黄土高原的元气和魂魄，撰写淋漓尽致，整个散文呈现出雄奇的诗意美。此文既是高原生命的热烈颂歌，也是民族魂魄的诗性礼赞。它以诗一般凝练而又富有动感的语言，谱写了一曲慷慨昂奋、气壮山河的时代之歌。优美，表现为柔静、精巧、妩媚的阴柔美。《春酒》《爱莲说》都给人清新怡人的抚慰。《春酒》通过富有情趣的细节描写，生动地展示出家乡的民俗风情和作者对童年、对母亲、对家乡的深深眷恋。

## 4.1　实施策略

### 4.1.1　利用视听媒体刺激审美感知

随着科学技术的发展，现在多媒体资源、网络资源为教育教学提供了莫大的便利，视听媒体的运用可以较大限度地刺激学生的审美感知。毕竟，青少年一般以形象思维为主，他们需要一些直观的刺激。另外，视听媒体打破了教育的时空界限，把大千世界的景象鲜明生动、形象地展现在学生面前，有助于引导学生感知美。多媒体为提高学生感知美的能力起到了铺路、架桥的作用，使学生感觉到色彩、线条、声音、光等信息，产生立体的感觉，有助于学生进入美的境地。例如，教学《开国大典》，《开国大典》写的是 1949 年新中国成立时的盛况，距今已经有六十周年，现在的学生读这篇文章不太容易理解当时人们的喜悦之情，因为他们缺乏对新中国成立的意义的理解，不懂得那段历史，也不懂得"中国人民从此站起来了"这句话背后的内容。为了让学生读懂这篇文章，感受到当时新中国成立的宏伟场面，在介绍历史之后，给学生播放《开国大典》的相关内容就很有必要，这样的视听媒体的运用能很快刺激学生的审美神经，学生通过观看影片知道新中国成立时的盛况，懂得人们为什么会如此高兴，明白"中国人民从此起来了"意味着中国人民从此摆脱了受欺凌、受压迫的命运，第一次自己做了国家的主人。视听媒体的运用有时的确能收到事半功倍的效果，用这些资源辅助教学有时可以最大限度地刺激学生的审美感知，并且激发他们的审美想象和联想，从而在再现情境中再造或创造出生动鲜明的形象，在这个过程中感受到强烈的审美愉悦。学生对孔子不熟悉，可以在网络上找到孔子的图片，让学生与这位两千多年前的圣人面对面地交流，原来"圣人"也是人，长得并不特别，和我们一样，只不过他思想深刻，看什么问题都比我们远，比我们深邃，让我们对这个"老头"心存敬仰。让我们惊奇的是同样是大脑，为什么他的大脑思考的东西就那么有价值；学生没有见过范仲淹可以在网络上找到"范老夫子"，让学生与之对话；学生没有见过岳阳楼，可以在网络上找出岳阳楼的图片，并把四大名楼一一列出，突出岳阳楼作为文化楼的价值。岳阳楼其貌不扬，但是正是因为范仲淹的《岳阳楼记》赋予它"文化楼""精神楼"的内涵，让这栋楼成为千古名楼，一谈起岳阳楼心里想到的不仅有楼还有范仲淹还有"先天下之忧而忧，后天下之乐而乐"的情怀。

另外，在教学中播放合适的文章也能起到很好的效果。"移风易俗,莫善于乐"。语文本来就具有改变社会风气的功能和力量。欣赏语文既可以调剂精神，又可以受到教育，是一种高尚而有益的文化活动。语文教学中，巧妙地结合语文，创设"语文课堂"，不仅能够提高学生对美的感受能力，鉴赏能力，创造能力，而且可以启迪智慧，陶冶情操，训练思维，提高人的生活品位，使人的精神追求建立在高起点上，在各方面都会收到更好、更能适应时代潮流的效果。如教苏轼《水调歌头——明月几时有》就可以播放歌曲《明月几时有》；教《小巷深处》在结尾时可以播放《缝》。让学生读完全文后，感受到"我"最后的悔悟，真正明白养母英姨的心，有很多学生感动得哭了。学生更加深刻地理解了课文，理解了作者，也移情移景感受到母亲对自己的爱，也更深刻地理解了这首歌；教《月光曲》播放《月光曲》，让学生在优美的音乐声中走进贝多芬，走进那个时代，品味贝多芬的伟大精神，体会穷兄妹俩对音乐的热爱。视听媒体的确可以打破时空的界限，让学生从直观的刺激中感受到美。让学生从绿、红、粉、白等清丽的色彩中感知到春的生机盎然；从远近变幻、动静结合的冰雪河山图中感知到北国风光的壮美；从志愿军在松骨峰与敌人壮烈搏斗的场景中感知到战时的悲壮美；从范进中举前后的对比中感知到艺术美，只有学生发现美，才会寻找美之所以美的原因。

### 4.1.2 利用情境活跃审美想象和联想

情境学习理论认为学习和理解本身与人类的日常活动是分不开的，学习是基于被教知识的具体境脉，换句话说，学习内容的境脉是非常重要的，学习者在学习中所参与的活动也很重要。如果学习者的学习目标是解决日常生活方面的问题，那么他们必须介入日常生活之中。为了理解知识、获得知识，学习理论则强调在信息、学习者和环境之间建立联系的重要性。将适当的信息联系起来是教师和学习者的责任。如果学习者学习的是那些脱离有意义情境的事实或知识，他们的理解往往是不全面的也是没有意义的。当个人和环境建立联系以后，知识就是主要的学习结果了。总之，知识是情境化的，是个人发展和使用者的活动、情境和文化的产物。总之，情境教学中的"情境"，是指教师根据教学内容与学生共创的一种能激起学生学习兴趣的场景，这种场景能把学生带入与教材内容相应的氛围中。

情境认知的主要作用是允许学习者将新知识运用于真实的日常情境中，学习是个性化的、私有的智力过程，在这个过程中，知识得以习得并且存储，以备日后自由地运用于任何环境之中。为了达到这一点，将个人和环境联系起来很重要。情境认知鼓励学生动手去做不仅仅是记忆一些事实性的信息，提高思维的高度。

同时，它也关注学生的进步。情境学习也提供了一个更加真实的方法，将独特的情境概念化。在语文教学中实施审美教育就要创造一定的情境让学生置身其中，从而活跃学生的审美联想和想象。

情境教学借助丰富形象的感染、真切情感的体验和潜在智慧的启迪，使学生的审美需求得以满足。这种心理需求得到满足时的愉悦必然唤起其丰富的审美情感。这时，学生就很容易将自己的情感移入所感知的教育教学内容中的人、物、事件或景物上，从而加深他们对教育教学内容的情感体验。这种伴随着情感体验的认知活动，就比缺乏情感体验的认知活动要丰富得多、深刻得多。在语文教学中创设审美情境，要以美、趣、智的特点缩短教学内容与学生之间的距离。在通常情况下，教学内容与学生既有时间距离，也有空间距离，加之教师枯燥无味的分析与灌输，更强化了这种距离感，致使学生感到陌生遥远，很难激起学习的情绪。情境教学以生动的直观和语言描述创设各种情境（实体的、推理的、模拟的、想象的、操作的），再现教材的相关内容和境况，使教学贴近了学生，使其因感受真切而产生亲切感。在把学生带入情境之后，要通过情境的强化，即选择或综合运用生活的展现、实物的演示、语文的渲染、图画的再现、角色的扮演以及语言的描绘六大途径，使情境作用于学生的多种感官，加深感受。在教师的语言提示、描绘、诱导的调节和支配下，学生在移情和想象的作用下，就会变语文课文中的"此情此景"为"我情我景"，从而进入"我他同一""物情交融"的身临其境的"心理场"中。

这时，学生由"近"感到"真"，由"真"感到"亲"，随着情感体验的加深和弥散，并在认知活动中不断延伸、发展，使其审美情感、道德情感也随之受到良好的陶冶。如教学朱自清的《春》，其中有一段描写春花的话"像眼睛，像星星，还眨呀眨地"这里描绘的是微风吹来，小花被风吹得摇摆的样子，写得很有表现力，有部分学生当时没有理解，其他理解的同学就说是因为微风吹来，小花摇来摆去的样子，一会儿风吹得低下了头，一会儿抬起头来的样子。不理解的学生只是听到理解的同学的解释，这种理解还是比较肤浅的。有一次，我带他们观察校园的变化，刚好走到操场，操场上有零星的小花正开放，微风吹来，花儿摇头摆脑的，有位同学看见了，忽然大呼一声"啊，我懂了！"，原来他是看见了小花在风中摇摆的样子，联想起了课文学到的内容。一个小小的知识在一定的情境中马上就会联想起其他内容了，没有情境，理解起来就比较困难，所以要有效实施审美教育，可以利用情境，活跃学生的审美联想和想象。

### 4.1.3 利用自主探究适应和引导审美趣味差异

曾经有人这样形象地描述中美两国在教育上的本质差别：中国的教师总是高举火把走在学生队伍的最前面，小心翼翼地为学生照亮前进的道路；美国的教师则恰好相反，总是高举火把走在学生队伍的最后面，让学生自己去开辟前进的道路。

这反映了两种截然相反的教育观念：中国的教师总是不愿意相信学生，处处牵着学生，于是培养出的学生往往谨小慎微，缺乏探索精神，一旦离开老师就不知道怎么学习；美国的老师无限相信学生，总是放手让学生自己去尝试，于是培养出的学生敢想敢做，富有创新意识，自主学习和探究的能力很强。"教是为了不教"这是教育家叶圣陶的教育理念。是的，知识的获得最终还是要学生自己去探究、去领悟，教师永远代替不了学生的感悟。审美教育也一样，学生要获得美的感受，受到美的熏陶，从而健全自己的人格，教师只是引导者，学生自己才是审美的主体，既然学生存在个体差异，学生的审美趣味存在差异，那就让这些差异存在。自主探究正是因为"自主"，所以更民主，更适合学生自己的实际情况，更适合学生不同的审美趣味。我们可以用自主探究的方式去适应和引导学生，让他们在自主探究中感受乐趣，感受美。

1. 自主探究的必要性

语文新课程标准提出"语文课程必须根据学生身心发展和语文学习的特点，关注学生的个体差异和不同的学习需求，爱护学生的好奇心、求知欲，充分激发学生的主动意识和进取精神，倡导自主、合作、探究的学习方式"。自主探究的学习方式已经写入课程标准，可见非常必要。语文教材蕴含的内容太丰富，仅靠教师的课堂讲解是无法满足学生的需求的。如果我们没有教会学生自己去自主地学习探究，那么不论我们准备一桶水还是一缸水，能够教给学生的总是非常有限的。宋时朱熹在《观书有感》中说"半亩方塘一鉴开，天光云影共徘徊。问渠那得清如许，为有源头活水来。"说的是读书的体会，其实也正是语文教学的真谛。为人师者只有告诉学生水源在哪里，让学生自主地探究，才能让学生真正探得语文的奥秘。有的课文具有相当的难度，光靠课堂上的时间，无论如何也无法使全班同学统一进度地走进作品中，因此对有些课文我会要求学生在课前查找有关资料，进行相关的自主阅读。如《秋天的怀念》课文不长，是《我与地坛》中的节选。如果读者不知道史铁生的人生经历，不知道这篇文章的成文背景，对课文的理解肯定是比较肤浅的，也比较难体会到文章的美，尤其是文章蕴含深沉的情感美。因此教学前我安排学生利用网络资源阅读了《我与地坛》，并了解作者史铁生的人生经历，一个原本健康的人突然瘫痪，他是如何走出伤残的心路历程，其中他的母亲又起了怎样的作用。由此再在课堂上学习《秋天的怀念》就非常容易，水到渠成了。如果没有这样的自主阅读，学生是很难体会母亲的伟大，作者的自责、愧疚之情的，也很难体会在平静如水的文字下所蕴含的深厚的感情。也正因为有这样的自主阅读，学生了解了作家的不易，理解了儿子的伤痛在母亲那里往往是要加倍的，进而想到自己的母亲，想到自己对待母亲的态度，想到如果自己面对这样突如其来的灾难自己会怎样，这些都是意想不到的效果。正是这样深入地自主阅读，我们学生能够和作家面对面地进行灵魂与灵魂的交流、心与心的沟通，能够真正欣赏到作品蕴含的深沉的情，能够让自己的心灵远游。在有组织的自主探究的阅读方式下，学生既可以感受到作品本身的语言美、结构美等，还可以感受到作品中人物的精神美、心灵美等等。

2. 自主探究的可行性

现代学生在校可用电脑，在家可上网查询，电脑互联网为学生自主探究提供了硬件支持，可以说，有了网络，学生的语文阅读空间大大延伸，无论是作家生平还是写作背景，无论是相关作品还是类似文章，想要比较阅读就可以比较阅读，想要批判阅读就可以批判阅读，想要哪方面的材料就可以找到哪方面的材料。网络给学生自主探究提供了条件。学习的主体是学生，教师在学生的学习过程中只是引导者、合作者、引航者。学习最终还是学生自己的事，正如地图永远代替不了实际的行程，教师也永远代替不了学生的领悟。审美的主体也是学生，只有审美主体自己才会有这样那样的感受，教师如果有感受，那是教师作为审美主体的感受，它不能代替学生的审美体验。众所周知，审美过程是一种情感过程，是一种体验过程，而不是一种认知行为，这种过程只能自我发现和自我确证，而不能由他人来替代。因此，在审美活动中，教师就是通过创设条件、教导方法等来帮助学生获得审美感受。作为学习的主体，中学生已经具备了一定的辨识能力，有一定的查阅、比较、鉴别的能力，具有筛选信息的能力，能够根据自己的需要找到合适的材料，能在教师的指导下进行探究。作为审美主体，学生已经有了一定的审美经验，能够在教师的引导、帮助下更敏锐地感受符合自己审美趣味的"美"，受到美的熏陶。

　　"操千曲而后晓声，观千剑而后识器""文章读之极熟则与我俱化，不知是人之文，我之文也，作文时吾意所欲言，无不随吾所欲应笔而出如泉涌，滔滔不绝"。《尚书·舜典》中说"诗言志，歌永言，声依永，律和声"。《毛诗序》中也说"在心为志，发言为诗。情动于中而形于言。言之不足故嗟叹之，嗟叹之不足故永歌之，永歌之不足，不知手之舞之，足之蹈之也。"所谓美读，就是把作者的感情在读的时候读出来。无论品味方面或受用方面都有莫大的收获，这些都道出了诵读在语文学习方面的重要性，也道出了诵读在语文审美教育的重要性。学习语文不能不强调诵读，诵读带来的不只是语感效果，还直接影响语文学习的质量。诵读得好，可以深入理解作品，把握作品的美质，陶醉于作品的情境。一些诗歌美文，读来或清越响亮，或抑扬顿挫，有的回环唱叹，有的声情并茂，既注意节奏和谐，又注意言简意赅。其富于语文美、形象美、简练美等语言美，只有通过多种形式的诵读，通过潜移默化地影响，耳濡目染，才能形成一种深厚的美学积淀。"诵读"的过程也是一个集中注意力的过程，"小和尚念经，有口无心"那仅仅是"读"，而且是非常熟练的"读"。我们所说的"诵读"是要一边读一边记忆，这是一个眼、口、耳、心都用到的过程，是发之于声，记之于心的过程，正因为诵读要求注意力高度集中，它对一个人的情绪还能起到稳定的作用。一个专心读书的人心无旁骛，"两耳不闻窗外事，一心只读圣贤书"，他态度认真，情绪相对比较稳定。因为在诵读的时候，他的心思都已经被语言美、语文美、形象美、意境美等深深吸引。

（1）诵读能促使学生感受语言美

诵读，是一种有声音的阅读，是人的大脑指挥口、耳、眼将文字转化为有声的语言，是口、耳、眼、脑等器官一起加入的庞大的头脑活动历程。从诵读这一原理来看，诵读不光可以使学生加深对文章内容的理解，更好地感知文章的美学因素，而且还可以活跃学生的大脑。因为声调是有感情的，"辞情"是文辞所表现的思想感情，"声情"则是声调所表现的思想感情。文章不厌百回读，好的诗歌、文章是必须要通过有声朗读才能体会出来的。设若《雨巷》没有朗读是不可想象的，雨巷中那个丁香一样的姑娘、那个抑郁的"我"，没有朗读是白白浪费了这么一首好诗。诗歌是语言的精华，其富有节奏，读来朗朗上口，韵味无穷，具有语文美，要体会诗歌的妙处是离不开朗读的，只有反复地、有感情地朗读诗歌（伴随其节奏和韵律）才能激起人们的情感，给人美的享受。再如《安塞腰鼓》没有朗读怎能体会出民族风情，读得多了，学生不仅能感悟到祖国语言的文字美，还能增强语感。对精致的文章重复地朗读，会增强对语言范例的敏感和鉴别能力。当听到不准确的读音或词不达意或生硬的句子，就会从情绪上感到不适。

（2）诵读能促使学生领略文章的语文美

乐团的演奏常常能摄人心魄，余音绕梁、不绝于耳，它就是借助音乐的节奏和旋律来达到这种艺术效果的，给人以美的享受。

古今中外好的诗文也有这种艺术效果。在汉语中,汉字有四种声调。由汉字组成的文章只有通过朗读,学生才能直观体味到汉字铿锵有力、抑扬顿挫的奇特魅力,品味到文章的音韵美。在古代,文学语文是一家,《诗经》都是唱出来的,《风》《雅》《颂》都和语文紧密相连。后来的词也是歌咏,"凡有井水处,皆能歌柳词"都说明文学语文不分家,文学中有很多语文元素。中学语文课本中编排了相当数量的古诗词,它们句式整饬、平仄相配、音调和谐、句末押韵,具有强烈的节奏美和音律美的特点。古代教育家重视"吟诵",这种拿腔拿调地读,其实就和唱差不多,教师在教古诗时,只有引导学生反复朗读,才能让学生直接领会到古诗所具有的语文美,增强学生对古诗的美学熏染力,进一步激发学生学习古诗词的热情。

(3)诵读能促使学生感受形象美

文学作品虽然没有雕塑、绘画等艺术作品那么直观,但它的形象性却是一般艺术样式所无法比拟的。在文学作品中,具体的、生动的、可感的、概括的、具有审美意义的图画,组成了艺术形象。我们的感情总是被生动的形象所引起的,而不是被一般的概念所引起的。通过朗读,无声变为有声,无形变为有形,抽象化为具体;通过诵读,学生的思维就驰骋于音、形、义有机结合的、或静或动的画面中;通过朗读,学生可以更好地领会文章语言的栩栩如生、绘声绘色的特点,从而在脑海里清楚地浮现出课文所描绘的形象、画面,生动地再现种种人物的言谈举止、一颦一笑。

如课文《春》作者写的是景，但是读者通过对课文的朗读却能读出小草旺盛的生命力，读出春雨的绵绵，春风的温柔。

（4）诵读能促使学生感受意境美

文章的思想情绪是借助作家塑造的艺术形象来展示的。学生在朗读课文时，把书面语言还原为口头语言，作者的语言就好像成了读者自己的语言。与此同时，学生的头脑中会一连再现文章中的抒怀载体（艺术形象），这样一来，学生能够更好地体味文章中蕴含的思想情绪，以及作者的思想感情，从而发生猛烈的思想共鸣，受到潜移默化的思想教诲。"读书千遍，其义自见""熟读唐诗三百首，不会作诗也会吟""大抵观书先须熟读，使其皆若出于吾云之口；继以精思，使其意皆出于吾心。"这些话语道出了反复朗读对感受文章意境的重要作用。如在学习《周总理，你在哪里》这首诗时，教师只有引导学生有情绪地重复朗读，让学生传神地演绎人民对总理深情热切地召唤和山谷、大地、松涛、海浪、广场对人民的回复，学生就能更深刻地感受到总理与人民心连心的深厚情绪。在学习《白杨礼赞》这篇抒情散文时，教师可以引导学生在朗读文章时正确把握文章句调、语速、情绪，让学生在朗读中明确白杨树的象征意义，更深刻地理解作家借赞美白杨树来赞美北方军民淳厚、严正、不屈的性格和抗日军民在民族解放斗争中顽强，力争上游，执着的精神内蕴。好文章不能浅尝辄止，而要细细咀嚼，慢慢品味，反复朗读，在朗读中推敲文章的语言、情调、韵味，想象作者写作时的心境和情绪，经过这样的朗读，才能深刻感受文章的意境美。

## 4.2　实施途径

　　审美教育是一种陶冶情操的教育，其目的是促成人对自然和社会定向的审美关系，提高人的审美观念和审美趣味，发展人的审美理想和创造美的能力。在语文学科教育中进行的审美教育，主要是通过学生的审美活动来进行的，而审美活动具有可感的形象和情感的激发作用。我们所从事的语文教育工作，是最富有情感的工作，是对学生进行审美教育的重要阵地。在实践过程中，我们可以通过语文阅读教学进行审美教育，引导学生感受、欣赏、判断美，从而陶冶情操，净化灵魂，获得无穷的美感享受；引导和培养学生的审美意识，帮助学生获得健康的审美情趣，形成正确的审美观，提高学生的审美素质。

### 4.2.1　营造审美情境，引导审美心理

　　"情"蕴含在课文内容中，"境"是课文内容所构成的整体画面。教学时情境的创设，可以使学生通过感官置身于丰富、逼真的气氛中，调动学生的学习积极性。教师可以通过生动的讲述、精彩的画面、直观形象的表演以及电教设备的运用，创设一种审美意境，引起学生心灵上的共鸣，使学生产生一种强烈的掌握语言艺术，领会文章意境的欲望。

　　语文教材荟萃了古今中外名篇，是艺术性、人文性、科学性的统一。是美的形象、美的景观、美的境界、美的情感、美的理

念、美的风物的综合，它赏心悦目，多姿多彩。因此，不妨在学生初触作品时淡化其认知，着力于营造审美心境。教师可以根据不同的教学内容，采用不同的方法。常用的有实物展示、实验演示、音像辅助等激发学生的学习兴趣、审美意趣，其中最有效的当推多媒体辅助教学手段。无数次浮想联翩，激情澎湃，能唤醒学生沉睡的审美意识，并逐渐形成聪慧的悟性、丰富的情感和敏锐的直觉，最有利于审美心境、审美态度的形成。

　　蔡元培认为："人人都有感情，而并非都有伟大而高尚的行为，这由于感情推动力的薄弱。要转弱而为强，转薄而为厚，有待于培养。"而这种"培养"要靠教师把自己体验过的情感传达给学生，使学生为这些感情所感染，也体验这些感情的过程。感情的传达借助的是语言，语言艺术可以调动学生丰富的想象力。白居易说："感人心者，莫先乎情，莫始乎言，莫切乎声，莫深乎义"。美的事物就该用美的语言来表达，作品的朗读占着我们工作的大部分。假如我们认为朗读的材料是第一流的作品，那么这种作品的艺术方面：色彩、形象、语言的生动必须用朗读的方式来教。这样可以保证学生对美的理解，作品读得越好，学生就越能懂得和受它感染。朗读把教材的无声文字变为有声的语言，把文中静止的感情变为真情实感，把学生带进课文的情境中去，毫无障碍地接受课文内容的感染熏陶。出色的朗读可以将学生带入《最后一课》深沉凝重的氛围中，对《我的叔叔于勒》一文的分角色朗读则可以使学生把握人物的个性及微妙的心理，从而进入特定的小说艺术境界。

入境，语文审美教育与情景和心境有关，因此，创设一定的审美情景，有助于审美化教学的进行。课堂上，教师是教学的组织者，也是审美活动的主导者。我们努力运用生动、亲切、自然、得体的语言，或妙趣横生的旁征博引、或形象逼真的演示，来创造一种如见其人，如睹其物，如临其境的审美氛围，这种氛围，可以使学生的情绪受到强烈的感染，在审美愉悦中得到陶冶，产生强烈的精神享受，从而积极地参与到审美活动与语文学习中。在教学中，我们还运用语文、绘画、多媒体课件、讲故事、新闻报道等多种方式，创设审美情境，使学生主动愉悦地投入到学习之中。审美教育不同于科学知识教育及道德伦理教育，它具有形象性、情感性、自由性、深远性的特点，语文教材本身就是文质兼美的美育读本，但是如果课文中的人、事、物，不能在学生脑中"活"起来，那就谈不上审美教育了，所以，我们还精心选择好阅读教学的切入点，使学生能更好地"入境"，达到语文学习审美化的目的。

如上《紫藤萝瀑布》一课，我们就采取了课前参观的方式，为学生学习课文营造"入境"的审美氛围。课前先让学生去公园观察紫藤萝花开放的情形。上课时，教师让学生描述观察到的紫藤萝花开的情形，学生很兴奋，平时他们对这些司空见惯的花草，并未认真观察过。他们分别从远、中、近距离的角度绘声绘色地描述紫藤萝花盛开的情形，这样入景入情的引入使学生对课文的学习，课文描绘的情境，对生命的顽强与美好就有了更强烈的认识与领悟。

我国古代的教育家对教师的语言在审美中的作用曾有过精确的论述。教学中，教师的语言要准确、鲜明、简洁、生动，要做到简略而明白，含蓄而深远，即孟子所谓的"言近而旨远"的境界。语言真正的美产生于言辞准确、明晰和生动。教师要善于运用艺术化的语言，调动修辞手段，使语言生动活泼、妙趣横生，让学生如沐春风。其中精心设计导语与结语应该不失为一条使教师的语言诗化的捷径。因为在摇曳生姿的语言情境中，不仅有诗情画意，更有"润物细无声"的熏陶与感染。一节课的导语与结语皆可让学生陶醉在浓郁的教学情境之中，享受审美乐趣。比如语文课的导语应是有文采的，有感情魅力的，尤其是对诗歌及散文的教学。好的导语设计可在开课时就触动学生情感的琴弦。《春》可用古今中外吟咏春的诗文或篇，开课就将学生引入"乱花渐欲迷人眼"的春季，《斑羚飞渡》则调动学生已有的情感体系，让学生感受一种悲壮的氛围。

## 4.2.2　利用多种媒介创设审美情境

从语文阅读教学的一般规律来看，最主要的是：教师必须按照美的规律从审美的角度进行阅读设计，深入挖掘语文教材中的审美因素，创设审美的阅读环境，唤起学生的美感情绪，使学生获得深切的美感体验。我国的古典套学理论中就有"三境"之说，即物境、情境、意境。通过情境的创设使学生达到阅读的意境体验。根据审美对象和审美主体的特点而创设的审美情境，对学生的审美意识的培养，审美感情的熏陶起着重要的作用。传说、故事、绘画、语文、雕塑这些都可以成为自觉审美的"催化剂"，引导学生深入到文章构筑的内部世界，领悟文章的艺术真谛。在阅读教学中进行艺术美的教育，必须把学生带进文章中作者创设的艺术世界中去。审美情境对学生不是强行给予的，而是从学生的审美心理自由出发而设定的，它较单纯的说教更易于被学生理解。各种现代化教学手段及多媒体教学在课堂中的应用，无疑有助于审美情境的创设。

我们的阅读教学要引领学生进入文中之境，又将此情此景转化为我情我景，从而使教学中充满着师生间的情感交流，体现着情景的交融。置身于这样的课堂，人们会有一种不是在听课而是在欣赏艺术的感觉。在语文教学过程中，恰当地播放配乐音频，通过一定的节奏、旋律，渲染气氛、创设环境，使学生沉浸在美好的意境之中。当学生的情感处于最佳状态时，再通过老师充满感情的语言引导，学生就会展开丰富的联想，脑海中就会再现自然和生活的美景，欣赏到教材中美的因素，既加深对课文的理解，又得到道德的感化、美的享受和情感的滋润。进而形成正确的审美观点、审美能力，甚至能激发学生表现美、创造美的欲望。教材中有许多课文情文并茂，适合借助播放配乐朗读录音，进行审美教育。如教学《春》时播放配乐朗读，学生如临其境，怡情悦性，陶醉于充满自然美的大自然中。如果学生再遇到相似的自然美景，那么表现美的欲望定会油然而生。再如在教学《爱莲说》的过程中，适时出现莲花的彩色图片；如《观潮》一课通过形象逼真的视频，把钱塘江大潮来时那汹涌澎湃、气壮山河的宏伟气势淋漓尽致地展现在学生面前，学生自然会急切探知课文的内容，进而领悟大自然的奥秘与力量。

在新课程中学语文中选入了大量的文学作品，这有利于进行审美化阅读教学。文学作品的中心任务是塑造艺术形象，对文学作品进行审美鉴赏，首先涉及的便是感知作品中的艺术形象。由于文学作品中的艺术形象，是用文字塑造而成的；艺术形象作用于审美主体是通过语言符号进行的，因而它们具有间接性。即便是作品中性格鲜明的人物形象，如《智取生辰纲》中的杨志，《香菱学诗》中的林黛玉，《范进中举》中的范进，《杨修之死》中的杨修，等等，也不像绘画、雕塑、戏剧中的人物形象那样具体。所以通过想象与联想才能进行审美鉴赏，在审美鉴赏中的想象与联想，实质上是一个形象再创造的过程。对于不同的读者来说，由于其生活经历、思维方式、想象能力等的差异，文学作品中的艺术形象就会得到不同的再创造，这便是人们常说的"有一千个读者就有一千个哈姆莱特"。鲁迅先生曾说过："看人生是因为作者的不同，看作品是因读者的不同。"

对文学作品中艺术形象的审美活动，既然是一个形象再创造的过程，教学中就不能因文论文，还要引导学生通过文中有限之象，去领会某种更深远的意蕴，即"象外之形"或"弦外之音"，让学生展开想象的翅膀,从赏中去思。因为好的文学作品都具有精炼含蓄的特点,特别是优秀的诗歌,往往只有很简约的形象描写,我们需要更多的想象,才能体会其意境,领略其诗味。再以鉴赏马致远的《天净沙·秋思》为例,在感知"沦落天涯的游子羁旅图"这一意象的基础上,进而根据自己的直接生活经验和间接生活经验,才能体会蕴含其中的无限凄苦之情。由此可见,鉴赏绝不是消极的接受,而是积极的创造,正如高尔基所说:"以自己的经验、印象和知识的积累去补充"。作品中的描写,使作品中的艺术形象丰富充实起来,这样才能获得真正的审美享受。

指导学生在文学作品阅读中进行创造性想象,当一个人在观看一个不规则、不完满的形状时,会产生一种内在的紧张力,这种内在的紧张力会促使人的大脑紧张地活动,以填补"缺陷",使之成为完满的形状,从而达到内心的充实和平衡。"缺陷"表现在文学作品中便是艺术空白,如虚拟手法、侧面描写、省略、言已尽而意未已等,这种无形之境、无言之语,有如绘画中的空白、语文中的歇拍、戏剧中的静场、电影中的空镜头等。教师应善于抓住这些地方,引导学生认真阅读、体会,启发学生通过创造性想象来填补这些"缺陷",以达到创造与审美的满足和愉悦。

形象性是文学语言的一个重要的审美特征,在语文阅读教学中要善于创设情境,充分运用形象思维,激发学生想象,让学生产生"内心视像",使学生读到文字时和生活联系起来,具体领会它的意蕴和情味,产生身临其境之感,使其深刻感受意境形象美。"意"就是情意，是主观的思想感情和客观事物相结合而形成的一种艺术境界，是一幅情景交融，形神结合的有立体感的艺术图画。而要再现意境，就必须用现代媒体的教学手段，让语言文字所描述的内容变成形声结合的画面图式，让静态的审美对象活跃起来成为动态，并打破教室四十五分钟的时空限制，纵贯古今，横跨中外，能加快美的信息速度，加大美的信息含量，创造一个崭新的审美时空。因此，选择适当的文章，审慎地运用媒体，也会让学生在感受意境形象美的同时，心灵受到震撼，形成共鸣。

使学生感受意境形象美具体有如下三个途径：首先是精选并制作美的画面。视觉是人感知美的最大途径，美感强烈的图片直接刺激人的眼睛，把美的信号传入大脑，从而达到审美愉悦。如《斑羚飞渡》一课，通过动画效果的精心制作，把雨后彩虹的绚丽多彩、令人陶醉的美景与斑羚飞渡悬崖，用生命组成的彩虹的辉煌悲壮交相辉映，直接给学生视觉的强烈冲击，以达到精神上的震撼和深刻的反思。同样《桥之美》类说明文和《三峡》类诗词课件，采用这种方法均可取得良好效果。《三峡》一文浓墨重彩地描绘了江水四季的变化以及与之相伴的万千气象。在教授此课前，可以先将三峡风光片根据课文内容剪辑下来，制成了课件，加上配音与配乐。上课时先将此视视频放给学生，三峡优美的风光，很快激起了学生强烈的学习欲望。最后，当学生一起对着画面齐背课文时，他们已完全沉浸在文章所描绘的意境中了。三峡夏季的水流湍急、春冬的清荣峻茂、秋季的空灵肃杀，都给学生留下了深刻的印象；同时他们更体会到文章遣词精当、隽永优美的特点。学生的身心受到了美的熏陶，激发了热爱祖国壮美河山的情感。老师也深受感染，与学生一起吟诵起来。

其次，利用优美的文章，引发学生的想象。文章是用有组织的语言来表达人们的思想感情、反映现实生活的，是一种诉诸人的听觉、启动人的想象的一门艺术。在课件制作中能恰到好处的利用优美的文章，往往能找到开启学生想象之门的出发点，引起他们心灵的共鸣和无限的遐思。例如，在制作《云南的歌会》课件时，在学生初步熟悉课文的基础上，请学生仔细欣赏云南原生态民歌，发挥充分的想象，通过文章感受淳朴的风俗发风之美，以声传情，声情并茂，达到了韵味无穷的艺术效果。

再次，努力创设情境。"缀文者情动而辞发"，许多作品传诵不衰，常读常新，就是因为作家蕴含着自己的思想感情，甚至凝聚着心血和生命。"观文者披文以入情"创设情境。如教《渭城曲》，先让学生反复听诗歌录音感知内容，然后运用实物投影仪投影诗歌主题插图，让学生细致观察因柳色之新，映照出的"客舍青春"，总之，清朗的天空，洁净的道路，翠绿的杨柳，青青的客舍，构成了一幅色调清新明朗的图景。最后播放《渭城曲》录音，渲染出离别的气氛。这样就十分形象逼真地让学生感受到诗人与朋友之间深挚的离别之情，让学生尽情地陶醉在美的艺术氛围中。爱因斯坦说："想象力比知识更重要。"在课件制作中，还要注意留下足够的余地，让学生根据提供的有关信息，唤起和调动自己记忆中的有关表象，将其归纳、组合，在大脑中形成多姿多彩的立体画面，把作者没有直接说出的意思补充完整，这样才能领会其中蕴含的言外之意、弦外之音，也才能更好地正确发挥其作用。当然，课件的使用是一把双刃剑，不恰当的滥用只会削弱文章只可意会不可言传的美，对于写景、说明性的文章尚可，否则非但不美，反而破坏了美感。

### 4.2.3 强化环境意识营造审美心境

营造良好的审美心境，教师就要考虑以学生为主体，把学生当作一个主动积极的认知者。关注学生的个性、情绪，缩短学生与作品的心理距离，这样才能引领学生步入绚丽多姿的文字世界。

为了最大限度地调动学生情感抒发的积极性．提高学生的审美能力，我们应在教学中营造一个良好的环境。环境分为空间设计、材料配备和心理社会气氛与人际关系等方面，它会对学生的直觉产生直接的、潜移默化的作用。一个富有艺术情趣的客观环境，从室外和室内全方位地熏陶感染学生，调动他们的直觉，从而使学生的审美心理得到完整的培养。在实施教学的过程中，老师和蔼可亲、仪表端庄、循循善诱、风趣生动，师生关系、和谐、自然，进而调动学生的直觉能力，提高学生的审美素质。正是有了轻松愉快的学习气氛和富有美感的环境，再加上具有真善美化身的教师进行审美化教育，学生群体的学习热情和行为准则才互相感染，并由此感到环境对他们成长过程产生积极意义，从而使他们终生难忘。由此可见，美的环境以其形象性、情感性、创造性等特征，具有其他教育不可替代的价值功能。

简而言之，教师要努力创造一种课堂教学氛围，能让学生主动积极地进行形象思维活动。也只有将学生引入文章所要体现的境界和氛围之中，站在文章描绘的具体形象面前，才能理解、鉴赏，从而接受美感经验，得到人生的受用。

首先，我们注意引导学生认真揣摩文中的关键性语句，品味其深意。高尔基曾经说过："语言是文学的第一要素"。因此分析作品首先要抓住作品的优美语言，在领略其语言美中获得美的享受。

在品析词中领悟美：作者在写文章时，总是字斟句酌，以达到用词的精练和准确。"推敲"一词是唐朝诗人贾岛和韩愈在诗词炼字上的一段千古佳话，宋代大诗人王安石的"春风又绿江南岸"一个"绿"字又成了千古美谈。所以我们在教学时要善于引导学生对文中精美的词句认真琢磨，反复推敲，仔细玩味。比如《山中访友》中"哼几段小曲，踏一条幽径"，"哼""踏"动词用得生动，"德高望重"修饰老桥，说明老桥的古朴，形容词用得形象。虽不问其内容，但是语言本身散发出的魅力就是一种美的享受。

在品析句中领悟美：句式上，有的语句上下结构相似，形同对偶，表现一种对称美。如《盲孩子和他的影子》中"月亮出来了，今天的月亮特别亮""太阳出来了，今天的太阳出来得格外早"。这些句子短小、整齐，读起来朗朗上口。修辞上，不少语句运用比喻、拟人、排比等修辞手法，摇曳生姿，展现一种生动美。

如《看云识天气》本是一篇科普说明文，但诸多修辞手法的运用使得文章语言熠熠生辉。特别是第一段中"有的像羽毛，轻轻地飘在空中；有的像鱼鳞，一片片整整齐齐地排列着；有的像羊群，来来去去；有的像一床大棉被，严严实实地盖住了天空；还有的像峰峦，像河流，像雄狮"；比喻、排比的综合运用使读者恍如进入了如诗如画的仙境。《绿色蝈蝈》中描述"蝈非常勇敢地纵身追捕蝉，而蝉则惊慌失措地飞起逃窜。"拟人的运用使语言显得亲切自然，形象生动。这就是修辞的魅力。句意的内涵上，有的语句蕴含丰富，有一种内在美。《散步》中"她现在很听我的话，就像我小时候很听她的话一样"，母子关系的融洽尽在不言中，"我和妻子都是慢慢地，稳稳地，走得很仔细，好像我背上的同她背上的加起来，就是整个世界"。这句从表面上看，是怕母亲和儿子摔着，其实是对老人的尊敬，对孩子的爱护，作者在字里行间流露出一种对生活的热爱，对生命的珍爱，读后引人深思，让人回味无穷。句子在情感上、情又在句中，情感的渗透增强了语言的表达力。语言的中介使他们感觉到景物中所寄寓的至情至深的意境，激发了活跃的想象，获得了喜悦和满足，得到美的享受。这样的品析，能较为迅速和准确地把握文章的主旨和深层含义，对培养学生思维的敏锐性和深刻性都很有好处。

其次，在朗读训练中让学生体会语文美。教师做好范读，不仅要再现课文的情境，更要能深刻体会作者的情感，让学生获得最真切地感受。文为心声。文章是作者思想感情的体现，有人豪情满怀，有人郁郁满腹，有人喜悦非常，有人愁绪万丈。中学生正值青春萌动期，内心世界一刻也不会平静，他们渴望丰富的情感体验，强烈的感情共鸣，适时的情感宣泄，而教师范读的作用就在于因势利导，使其从作品中吸取营养，产生爱心，获得美感。有读的节奏快一点，语调高昂一点；有哀有愁的，朗读就要缓慢低沉。比如课文《金色花》以一个小孩子的口吻写出了与妈妈地嬉戏，体现了对妈妈最质朴的关心，教师就要读得欢快；读《纸船》就要读得哀婉，《纸船》表达了一个离家的游子在泪眼婆娑中对母亲的思念；再如《回忆我的母亲》，教师通过平和温情的朗读，使学生从平实的叙述，诚恳的报答，深情的思念之中感受到平凡而伟大的母亲的美好形象。不同的课文，在语调、语速上的要求不同。一般的诗词，句子短小，教师范读时要引导学生把握节奏、重音；文言文抑扬顿挫鲜明，范读时要考虑产生余音绕梁的效果；散文感情浓烈，朗读是要饱含深情；小说中人物对话语调分明，要揣摩到人物的心理，准确表达；议论文、说明文或以理服人，或介绍事物事理，朗读时可如行云流水，娓娓道来。同一篇课文，每个句子在重音、断句上也各有侧重，教师在范读过程中要引导学生根据作者感情表达的需要，尽显其音韵美。

指导学生进行朗读时我们从以下几个方面做尝试，朗读中要有意识强化语感练习。刘国正先生回忆他的语文老师善于用吟诵的方法时说："先生很少讲，但喜欢吟咏，吟到得意处，音节铿锵、声震瓦屋。我也跟着吟咏，跟着铿锵，许多诗篇的妙，是在跟着吟咏中体会到的"。可见朗读能让学生感到文章的起承转合、气象万千，能让学生从感性上、从直觉上、从整体上去认识、占有、体验语文材料。如诵读《春》的"春草图"时，"偷偷地"要轻读，这样才能表现出不经意间春草已悄然而出的情景。语文课本中有许多美文，如《与朱元思书》《陋室铭》《岳阳楼记》等等名篇佳作，这些佳作，只有通过反复的朗读，美读，直至背诵，烂熟于心，语言的分寸感、畅达感、情味感、美感才能更好地奔涌而来，学生才能更好地形成语感。

用多种朗读方法调动、增强审美体验，诱发学生的审美情感。方法有齐读、男女混声读、小组读、接读、分角色朗读等。例如读《羚羊木雕》时，分角色朗读中，只要能把握说话者当时的心理——父母重财轻义，不顾及孩子的感情；孩子重友谊的纯真，对现实的无奈，父母对孩子心灵的伤害，就一览无余了。人物形象的美丑也能自见分晓。又如冯骥才的《珍珠鸟》行文流畅，物象具体、鲜明、生动，读来有自然和谐的韵律美。教学时，在引导学生理解内容的基础上，使用几个同学进行接读的方式进行，正确处理文中轻重、缓急的语言变化，从而不仅让学生切实感受到"绿"的逼人气势，还让学生切实感受声情并茂的音律美。

利用不同风格的文章，读出不同的朗读效果。文章的风格各不相同，教师要让学生深入揣摩每一篇的"个中滋味"，有的要读得深沉凝重，有的凄婉悲凉，有的慷慨激昂，有的生动活泼，有的周密严谨，等等。如读《最后一次讲演》时，就应激情喷涌，拍案而起，坚定、高昂地再现闻一务怒斥敌人、视死如归的战士形象；而读《茅屋为秋风所破歌》时，就应哀婉低沉、忧郁伤感地再现杜甫郁郁不得志、忧国忧民的爱国诗人的形象。这样用自己的心灵去接近优秀的心灵，让自己的情感与伟大的情感发生共鸣，实现心与心的融合交汇、灵魂对灵魂的告白、生命节律的和谐振动。新课标特别强调，古代诗词教学要提高学生的欣赏品位和审美情趣。而古代诗词中的声韵和谐、色彩斑斓、语言凝练全靠美读来挖掘。尤其是中国大量的诗词歌赋，在阅读教学时应首先考虑朗读，教给学生押韵、平仄的知识和朗读的方法。当我们读到精彩之处时，没有谁不沉浸于这种和谐舒缓，如行云流水般的语文境界中去。

### 4.2.4 入情

审美教育是通过美的事物来调动人的心理，激发人的心理的情感，使人们在心理上产生感受，在情感上产生共鸣。这就是说，审美教育是以情感人，以情动人的。怎样激发学生的情感呢？文章不是无情物。在进行审美教育时，要充分利用教材中蕴含的感情，千方百计地拨动学生情感的心弦。教师可凭借语言的可感性激发学生的情感，用动情的语言传达动情的事物。情感性是文学艺术区别于其他意识形态的一个重要特征，它贯穿于艺术思维和创作活动的全过程，并渗透于艺术形象之中。因此我们要善于想方设法挖掘课文蕴藏的丰富的情感因素，让学生充分领悟文中思想的情感美，达到以情感人的目的，使学生在真挚高尚的审美情感中得到陶冶。

如《岳阳楼记》，它不仅由于艺术表现形式不同凡响，给人以美的享受，更由于它所体现了作者崇高的思想境界，时时拨动着读者心弦，因而成为千古不朽的美文。"山则情满于山，观海则意溢于海"，真情只能在实感中产生，无生活实感就不可能有真情。在教学时，学生对"一阴一晴"两种不同景色所带来的"一悲一喜"两种不同心情的理解和认识是有现实生活基础的，容易产生共鸣，这是理解全文思想感情的着力点。这样学生对"迁客骚人"因环境的好坏，以个人荣辱为转移的悲喜观便会产生认同和共鸣。这使学生理解作者一生追求的"古仁人"那种"不以物喜不以己悲"的旷达胸怀和作者在文中表现出的那种忧国忧民，以天下为己任的精神，还有作者积极向上、奋发有为的思想及吃苦在前享乐在后的崇高抱负。教师若要再次引发学生的共鸣。可设置一组提问：作者与"古仁人""迁人骚客"的悲喜观有何区别？你的悲喜观如何？你所追求的苦乐观是什么？通过比较分析，学生对作者追求"古仁人"那种悲喜观便会产生强烈共鸣，身处逆境不自卑，身处顺境不自喜。继而对作者"吃苦在前，享乐在后"的崇高抱负产生共鸣。这样在教学中学生就自然而然地得到了一次情感的熏陶和精神的洗礼。

再如《背影》中的父子情，《回忆我的母亲》中的母子情，《七根火柴》中的战友情，《藤野先生》中的师生情。魏巍的《我的老师》中的蔡老师，她外貌温柔美丽，心地慈爱，爱孩子，关心孩子的甘苦，及时为孱弱的孩子排除痛苦悲伤，这是一位老师的美好形象。使人受到美的感召而净化心灵。均是通过生动而丰满的人物形象表现出来的，这些都是课文审美鉴赏的关键。抓住人物形象，并深刻体验所表现出来的特有的情感，细心揣摩，反复品味，必能使学生做出富有情感的审美评价，从而使审美鉴赏跃上一个新的台阶。

古诗词的阅读，尤应注意培养学生"入情"的审美感受力。诗歌语言文字优美的背后是人性的优美。诸如"黄沙百战穿金甲，不破楼兰终不还""朱门酒肉臭，路有冻死骨""安能摧眉折腰事权贵，使我不得开心颜"等等，我们要引导学生深切地感受诗中蕴含的英雄志、报国情、正义感这些人类美好的情感。除了课本中的著名诗篇，我们还引导学生阅读面扩大到课外，多多感悟，多多积累，以期达到提高学生"入情"的审美感受力。

一个审美对象离不开真、善与美，它是真善美的统一，它一般都有"意义层"与"意味层"，"意义层"是指对象显示的社会功利方面（属思想教育方面）的内容，它具体、直接；"意味层"，它只能感悟、领会。宋代邵雍说："人不善赏花，只爱花之貌；人或善赏花，只爱花之妙"（《善赏花吟》）这里讲的就是要善于通过联想进行品味，即通过花的姿态、神韵，与人类执着、自由、进取以及爱生死的心理相沟通，从而产生精神上的愉悦。"意味层"有时只可意会而不可言传，针对学生生活经历和阅历的实际经验，我们要引导学生弄清作家的情感、经历及相关情况，进而深入理解作品的"意味层"。如《早发白帝城》，讲李白朝辞暮宿，千里之遥，一日即归。"千里"与"一日"的对比，显示出速度之快，具有强烈的轻快感。又以"闻猿声"的听觉来反衬舟行之速的视觉，水流湍急，一叶轻舟，如开弓之箭，急行如飞，瞬息之间，已穿过万千山峰了，又向三峡急流夺路而去，如电影的快镜头降格。但只满足这些，那只是表面的。在阅读教学中，我们总是努力促使学生处于饱满的情感状态，审美感受始终伴随着强烈的感情色彩，或者喜悦，或者悲伤，或者激愤，或者愤懑。

使学生受到情感熏陶，即抓住一切美的元素，从内容、形式等方面了解文章所蕴含的美质。

1. 通过形式多样的朗读去体验美

情感体验是阅读教学中不可忽视的心理因素，是对学生进行美育教育的一个重要途径，而诵读课文又是体验情感的有效方法之一。通过教师范读、学生诵读等多种形式，使学生在语文文字的训练中，更好地获得学习语文的能力，并且使学生受到思想情感的陶冶。

朗读是语文教学中至关重要的一个环节。通过朗读发展学生的语言能力，具体地说，就是通过朗读不仅使学生体会语言文字的韵律美，同时把语言文字化作鲜明的视觉形象再现在学生面前，唤起学生的想象，激发学生情感中真善美的因素，让学生与作者、与文章产生共鸣，情感得到美的感召和升华，从中受到教育和感染。教师要重视范读，范读饱含着浓缩了的个人体会和独特感受，它可以把课文准确的词语概念，生动的修辞手段，感人的描写抒情、优美的韵律节奏充分地表现出来，给学生以具体的启迪。不但辅助了讲解，而且起到美育的作用。

（1）四步朗读，体验情感美

朗读是书面语言的有声化，具有移情的作用，能够激发美感、唤起内心视像。同时，朗读也是一种解析，能以声音增强原作的力量。叶圣陶曾提出"美读"的看法，要求在朗读中"激昂处还它个激昂，委婉处还它个委婉"，把文章中的神情理趣，在声调里曲折地传达出来，让学生耳与心谋，得到深刻的理解。

怎样读课文才能使学生体验到文中的情感美呢？一是范读。教师的范读作用是不可低估的，它能引发学生情感，使学生、老师与作者之间产生情感共鸣。同时，通过范读，学生也会模仿教师的一些朗读技巧，提高学生的朗读水平。情感的把握是朗读的基础，但仅仅付诸真情是不够的，还需要朗读的技巧，还需要细心品味。二是自读。听了范读后，学生模仿自读，去揣摩作者的情感，使他们进一步受到文中的情感熏陶。三是引读。对一些特殊的、说明问题的、有承接性和层次性的句、段，通过引读直接抒发作者与读者的真美情感。四是议读。通过评议朗读，让学生自己体会怎样诵读更能体验文章的情感。学生对美的兴趣是在学习过程中激发出来的。教师的作用，就在于为学生对课文的感知和体验创设一种情境，指出一种导向，即通过对课文的认真阅读和反复品味，为其接收创造美的情绪氛围，诱发他们全身心地投入其中。比如教学说明文《核舟记》，在充分梳理课文内容之后，教师反复吟读，恰如一个聪丽博识的导游，把学生带到一个新奇的珍品面前，将其部件的精细、机关的巧妙及前后关联一一化解展示于众，而学生种种巧语妙思随导游的"脚步"次第而来，将木舟诸多妙处，逐一接收。一篇平实无华的文言说明文就这样把学生引入了意趣盎然的情境之中，而教师的朗读就是由此岸到达彼岸的"木舟"。实践证明：朗读课文是激发情趣的关键。通过朗读，课文中的美学意蕴得到了初步的揭示，美学价值得到了相应的激发。

朗读是阅读教学的前提。在朗读中不仅需要老师的范读，学生朗读的模仿更需要老师技巧的点拨，以及学生真正身心投入地自由朗读。如《纸船》的整堂课可以通过朗读让学生在诗意的氛围中，逐渐开拓思维，加深自己的情感体验，并以多种形式，感情真挚地表达出自己的独特感受，以情入题，以情结束。朗读欣赏即感知言美朗读，它是通过书面语言的有声化，并蕴含丰富的感情，来再现作品。它是一种声音的解析，以"声音"这种特殊的形象来再现作品并增强作品的感染力。当无声的文字变成有声的语言时，更能激发读者与作者的心灵交汇，从而培养学生审美感知能力。教材的许多作品，长句、短句、排比、对偶等参差错落，抑扬顿挫，形成鲜明的节奏感，或富有气势，或回环往复，往往显示出不同的风格，不同的"美"来。朗读的形式应是多样的，有范读、领读、同桌互读、自由练读、分组读、男女生读、齐读、表情朗读等。通过朗读，学生能从声音的速度、轻重、韵律等多方面读出词和句的丰富内涵，把诉诸视觉的文字转化成诉诸听觉的有声语言，通过声情并茂地朗读渲染意境和神韵。在一节课中，朗读可是大板块的，也可将朗读穿插在各个教学环节之中，还可将整节课的课型就定位在朗读。可以专门设朗读展示，让学生自己结组，每组自选文章做朗读展示。

由此可见，美文需要美读，美读则需要朗读。朗读会使学生沉浸在作品所展示的优美情境中，能把作品的美景通过朗读、借助娓娓动听的声觉形象去展开想象，使得作品描写的形象得到再现。简而言之，在教学中如果师生都能倾心于文、融情于声，那将真会读出语文的一片春天。中学生审美趣味的培养应当符合青少年审美趣味发展的特点，当代青少年的审美趣味呈现出多元发展的趋势，主要表现在以下几个方面：第一，从儿童情趣向成人情趣发展。青少年正处在走出童年、进入成年的过渡期，他们既保留儿童的审美趣味又开始受到成人审美趣味的影响，青少年审美趣味的发展有年龄阶段的过渡特征。第二，从纯艺术向生活艺术和自然景观的审美趣味发展，儿童的审美趣味往往与游戏融为一体，青少年的审美选择范围却开始从艺术拓展到包括艺术在内的一切审美对象。第三，从优美向各种审美形态发展，儿童的审美趣味属于优美一类，而青少年的审美范围不仅仅满足于赏心悦目的审美对象，而且对反映现实矛盾有所意识，导致他们内心矛盾加剧，以及对蕴含着痛苦、忧郁、伤感、死亡的艺术类型产生浓厚的兴趣。青少年日益自觉地意识到自己的审美偏爱，并形成了与个性、气质、性格特征相一致的审美倾向。

中学生审美趣味培养的任务是多方面的，首先是审美趣味中感受力的培养。审美趣味中感受力的培养，表现在语文教学中对文学作品的鉴赏和评价。在审美感受中，对文学作品的形象感受，是需借助想象力的，审美趣味中的感受力不仅是对外在的文字符号的感觉，更是对文字所创造的意象的感觉，然后进一步地对这些形象进行把握，从而触及对文本深层意蕴的感受。审美趣味中的感受对审美个体的感性体验更为重视，文学作品中的审美感受不仅包含视觉和听觉，还包含了嗅觉、味觉、触觉等感官。同时也包含和审美心理图式同化、顺应的过程，以及所感知到的形象在审美主体的内心世界唤起的情感的冲动。总之对感受力的培养是培养学生感受趣味的技术层面，也是建构学生审美趣味的表层能力。

其次是审美趣味中情感力的培养。审美趣味深层次能力的建构，则是需要通过培养学生深层次的情感力来实现的。情感力始终贯穿在审美活动中，在审美想象和审美判断中都需要审美情感的参与，对审美对象的厌恶、喜好等情感的敏感性和审美趣味的产生关系密切。我们的情感之火帮我们揭示自然或艺术中未曾发现的美，使我们的感受力更加敏锐。

对于情感力的培养应引导学生走进文本，感受那些鲜活平凡的人物形象，体验他们身上人性的光辉；感受作者笔下刻画的那些丑陋阴险的人物，发现他们身上人性的阴暗；感受对祖国、对故土的无限眷恋之情；对亲人、对师长的深深感恩之心；对大川、对急湍的敬畏之情，唤起他们丰富的情感体验，激发他们内心世界的真善美，引导他们的价值观取向，对审美对象做出"合口味"的选择。

审美趣味的产生和人的主观爱好有密切关系。主观爱好包含着情感因素，所以审美趣味和情感有着密切的联系，一个人的审美敏感性和他的审美情感成正比，当审美情感占有主宰和独特的地位时，审美趣味就产生了，这时意识中就产生了对审美对象的偏爱，并通过语言进行判断，在这反复的过程中就产生了自己的趣味。

审美趣味的产生和个人的文化素养及社会环境也有着密切的联系，在社会文化根源中，不同的文化需要、不同的教育程度、不同的出身，都可以产生不同的文化实践和认可程度，正是由于不同的教育程度、不同的教育背景，个体对艺术的感受也是不同的，文化教育对趣味的影响，是通过一系列的"译码"或"解码"的行为而实现的。一个人只有掌握一套用来"解码"艺术品的"代码"时，这件艺术品对他而言才是具有意义的，才能产生审美趣味。

# 第5章　语文阅读中审美教育的缺失原因及其对策

语文学科首先是作为应用工具而存在的，这是语文学科的基本属性。除此之外，语文学科还具有思想性和艺术性的属性。但是在应试教育考试制度的影响下，人们对语文学科性质的认识不深刻，导致语文学科工具理论盛行，语文教育人文底蕴的流失成为社会各界对现行教育的一大忧虑。现在的语文阅读教学过于偏重技能训练，在不知不觉中忽视了对情感的熏陶和审美的培养，审美教育的缺失已是不争的事实。

## 5.1　语文阅读教学中审美教育缺失的表现

语文课程标准提出了提高学生的品德修养和审美情趣的重要任务，并指出了语文课程中提高学生品德修养和审美情趣的重要意义，那就是使他们逐步形成良好的个性和健全的人格，促进德、智、体、美的和谐发展。但我国语文阅读审美教学的现状是：语文审美教育研究一直处于自发、盲目的状态，对它的理性认识远远未能揭示其基本原理和规律。

### 5.1.1 认识有偏颇，贯彻不深入

中学语文阅读教学中拥有许许多多的审美因素，为开展审美教育提供了极好的素材，但由于审美教育的效果是较为隐性的，短时间又难以发觉的，加上基础教育长期以来受应试教育左右，致使素质教育很难得到落实，学生的全面发展也被约束和控制，这就影响了审美教育在中学语文教学中应有的地位。因此，有关对审美教育的研究还较为欠缺，相关的美育研究更无法与教学模式、教学方法等探讨、比拟。尤其是针对阅读教学中有关自然的、社会的、科学的、艺术的美感因素，联系教学对象的知识水平、生活经验、情感体验、心理需求，在教学实践中充分发挥教师的主导作用，全面系统地对学生进行审美教育方面的探究还有明显的不足。

"没有美育的教育是不完全的教育"至今还未成为教育工作者的共识。多数教师对在阅读教学中向学生进行审美教育的目的不够明确，还没有充分认识到美育与智育及其他方面的相关作用。有人甚至认为以感性教育为基础，以趣味教育为中介，以人格教育为目的审美教育是可有可无的，只有智育才是实现教学目的的唯一途径。因而普遍把教学的重点确立在传授知识和培养技能上，把精力都放在知识的灌输上。割裂了情感、趣味与学习知识之间的关系。不管学生情愿与否，也不考虑学生是否需要，教师总是

站在自己的角度去安排课堂学习内容和获取知识的相关程序，使得学生的情感、态度和价值观都被忽略。这就影响了审美教育研究工作的开展，影响了学生的全面发展，也自然影响了全面推进素质教育的进程。

### 5.1.2　掌握不系统，实践较盲目

随着中学语文教学改革的不断深入，绝大多数语文教师在运用美学思想，对中学语文教学实施审美教育方面有初步的探索和研究，进行了一定的审美教育实践。但是，由于在我国的阅读教学领域中审美教育的研究起步迟，再加上它的研究效果不像其它研究那样立竿见影，致使研究的队伍显得较为弱小，还没能形成一定的规模和气候。一些有志从事这项研究的二线教师只能凭借有限的美学理论和观点，移东就西，其所进行的研究尚不能形成理论系统，相应的实践也就显得比较盲目。

## 5.2　语文阅读教学中审美教育缺失的原因

教学是教师与学生的互动活动，而教师作为引导者更是活动的主体。教学的中介是教材，评价是导向，学生是教育对象。所以探讨审美教育缺失，要从教师、教材和教学活动，评价学生自身等多方面进行综合分析。从教师角度看，教师存在观念模糊、滞后的状况。在诗歌、散文的教学中教师都能以审美的态度教学，都能引导学生欣赏诗歌、散文中的美，即审美范畴中的"优美"。而其它的美学范畴如"崇高""悲剧性""喜剧性""丑""荒诞"

在阅读教学中却很少提及。美育的目标有"审美趣味"的形成，"趣味"是一种偏爱和理想，但更重要的是要形成自己的审美判断。这种判断是个性化的，自由的，是在对比中产生的。审美教育是在更广阔的界面上使人领略了经济、文化、道德、风俗等因素，在更深刻的层次上使人看到了人性、本原与人生，它将人的视野引向广阔的大千世界，它引导了人们对人类、自然、宇宙萌生出一种大关怀。从教材角度看，教材存在篇目纷繁、复杂的状况。人们更多地是从感性形态着眼进行审美，而阅读教学是以教材为主要依据的，语文教材中的课文从其内容和形式两方面都应该具有审美感性。教材中表现着感性形态或形象的阅读对象使得审美教育有了感性中介。可见教材的选定和课文的优化择用至关重要。语言文学包含社会的方方面面，选择篇目时的标准是多种多样的。以前的语文课本篇目杂乱、多样、非常零散，尽管在经典性、系统性方面有待加强，但是作为美育的载体，还是可以胜任的。从教学角度看，存在教学内容、目标盲目的状况。教学可以看作是教学内容、目标、手段的综合体。以往的教学，内容是以语言知识为主，目标在于培养语言应用能力，培养正确的道德情操。现在强调审美教育，教学内容和目标就都与审美有了联系。可是因为理论和实践的不健全，审美教学内容、目标都处于一种自发、盲目的状态。我们教师强调教学要引导学生进行审美体验、情感体验；强调"教无定法"的方式多样化。这看似解放了想象力，其实现在语文改革的状况是一种破除了旧体系后的无根状态。

大多数老师并没有明确的长期系统教学目标。这种状况如果持续下去，学生是减少了负担，想象力得到了锻炼，可是终究还是什么也没有学到，只是在教学中感受体验。我们最终的目标是使学生有独立的自主审美判断，所以知识的教育是绝对必要的。因此，真正的审美教学是在理性的指导下，运用各种工具手段，通过丰富的知识性与体验性相结合而取得的。从评价角度看，存在评价标准杂乱的状况。新的课程标准要求尊重学生的个性体验，于是有的老师主张学生的审美理解、判断可以天马行空，甚至可以偏离审美客体的基调，这种状况往往多见于公开课之中。另一种状况是，受应试教育的影响，有的老师主张学生的审美理解、判断应该有统一的模式，于是又陷入僵化理解的泥潭之中。但实际上作品各有特点，千变万化，评判标准不能忽略美的客观性、独特性、共同性。因此，我们应该坚持审美的个性化与审美标准的统一性。从学生角度看，存在审美能力匮乏的状况。目前学生一方面受教育维度单一化的影响，审美理解陷入一种僵化之中，另一方面受读物快餐化、庸俗化和网络等审美环境的影响，只一味地读快乐的书、搞笑的书，审美能力日渐匮乏。他们对文学的隔膜与浅近功利的理解以及由此造成的文学缺乏症已经到了令人忧虑的程度。虽然大部分中学学生能区分美丑，但是他们对"美与真、善"关系的理解却存在着很大的差别与误读。他们虽初步形成了独立的审美心理结构，但是他们的审美偏爱是非艺术鉴赏水平上的审美偏爱，审美标准极其简单、肤浅，审美理想主要是从自我的需要出发加以考虑，而且不稳定，容易受到外界影响，审美评价带有明显的主观色彩，审美心理结构不能与"真、善、美"统一起来。这一时期中学生的审美心理结构还处于较低级的水平，需要家长、社会、学校以及教师的引导与矫正。反思这种现象，我们不得不重新审视我们的语文阅读教学。既然新课程标准的基本理念中提及审美，既然语文呼唤审美，我们就完全有必要大胆地变理性教学为以美感为中心的感性教学。

## 5.3  语文阅读教学中审美教育缺失注意的问题

当前中学语文教学中，审美教育存在的最大问题是社会、教育主管部门对教学质量期待和评价的问题，虽然现在教育主管部门注意到了应试教育的危害，提出"素质教育"的口号，但是对学校、对教师的考核还是主要看升学率、及格率、优秀率。这样的考核制度和评价制度最终还是将"素质教育"当成口号挂在嘴边，将"应试教育"作为实际行动进行到底。在这样的考核评价下、社会关注下教师只能无奈地把一篇篇饱含审美因子的美文肢解成几个、十几个、几十个知识点加以训练，审美教育成为零星点缀。

语文审美教学作为语文教育的有机组成部分，可以强化与促进智育、德育的功能效应，有利于全面提高语文教学的质量，这一点已得到了人们的认可。但是，从语文审美教学的现状看，还存在着一些有悖于语文美育自身特点及要求的问题，如不及时加以纠正，不仅不能实现语文教学的审美化，反而会影响语文教学基本任务的完成，使语文审美教学走入误区。

### 5.3.1 教师要做美的典范

如果说语文教材是美的宫殿，教师则应是美的使者，教师要以自己的模范行为在审美教育的过程中树立美的形象。教师本人的审美情趣直接对学生的审美情趣产生影响，甚至教师的一言一行都可以成为学生模仿的对象，从教师的行为举止中，学生看到的是一个模仿的实体对象，教师对美的追求直接影响到学生的审美心理。因此要使学生有较高的人文素质，教师必须有更完美的人格力量、更丰富的文化知识、更高雅的审美情趣。

首先，教师要注重外在形象的美观大方。教师的表情要自然，举止要得体又有分寸，服饰要朴素大方，符合大多数学生的审美心理。这样能给学生以美感，激发学生的听课情绪。其次，教师要用优美感人的语言来作为审美教育的手段。语言是思想、情感的载体，形象性、趣味性、语文性、装饰性、多样性、有幽默感的语言本身就是一种美的享受，它不仅能满足学生的审美欲，而且能催生审美想象力。教师如果能用准确、优美的语言来进行课堂教学，那审美教育必将事半功倍。在美的意境中运用美的语言给学生以美的感受和影响，激发学生的学习兴趣，引导学生欣赏教材中的美无疑是教学中审美教育的重要构成部分。因此教师的语言要做到准确简洁、深入浅出、生动形象、逻辑严密、幽默风趣、抑扬顿挫。再者，教师的教学要具有节奏美。美学常识告诉我们，美的事物往往是有节奏的事物。我们听一首歌或一段文章之所以感到美，就是因为这歌曲和文章最讲究节奏和旋律。语文教学要达到寓教于美，增强美感效应，也要讲究节奏。语文教学的节奏美，就在于波澜起伏的教学内容设计。较理想的内容设计是既有学生静读，又有老师的讲解；既有热烈的讨论，又有深沉的回味和思索；既有学生练习，又有教师的指导，造成一种动态感，旋律感，给学生一种节奏美感。另外，课堂上的板书更是美育教学的重要组成部分，优秀的教师往往很重视引导学生进行教学板书的审美教育。板书之美更具有造型美，板书排列组合在准确体现内容科学美、情感美的同时，应力求在造型上给人以美感，从文字的规范、工整、优美，至排列得整齐、对称，曲线、象形、色彩等，都是板书审美的构成部分。简言之，语文阅读教学的内容都应该以形式展现出来，从而使教师成为开拓美、再现美的耕耘者，成为学生认识美、热爱美的引路人。因此，教师必须努力提高自身的美育修养，在提高学生审美情趣中发挥"润物无声"的效果。

### 5.3.2　关注审美个性与审美标准的融合

人们在审美评价中总会自觉不自觉地运用或遵循某种尺度去衡量和评估审美对象，这种用以衡量对象审美价值的尺度，就是审美评价的标准。审美标准存在着相对性和差异性，审美对象的具体形象是变化多端、无比丰富的，人们的生活经验也是既有共性又有个性的。每个人的生活经验和审美经验的不同，形成了每个人独特的审美趣味。但审美趣味的个性无论怎样千差万别，终究是可以争辩的，评价趣味的高低、优劣，终究有着客观的标准。
不同的人对同一篇文章的审美感知可能会有不同，但是文章的审
美价值应该是具有客观性的，存在审美主体的差异性并不能说审
美价值没有客观标准性，把握审美对象的客观标准是审美的重要
前提。法国美学家狄德罗说："真、善、美是十分相近的品质。
在前面的两种品质之上加以一些难得而出色的情状，真就显得美，
善也显得美。"这就为审美标准提供了可行的依据。

　　但是审美标准的客观性并不排斥学生感受在审美现象上的个
性差异。鉴赏是在学生参与下进行的，个人的视野和知识经验决
定了评价具有主观成分，这些成分造成欣赏活动的复杂性，也使
评价产生多样性。因而审美教育还应注意培养学生审美鉴赏的个
性特征，发展个性是教育长期追求的目标，阅读教学中的审美教
育是培养学生对美的感悟、鉴赏能力，是面对所有学生大众化的
审美教育，而课标又指出"阅读是学生的个性化行为，不应以教
师的分析来代替学生的阅读实践。应让学生在主动积极的思维和
情感活动中，加深理解和体验，有所感悟和思考，受到情感熏陶，
获得思想启迪，享受审美乐趣"。事实上，由于审美主体的个性
化特征，导致了审美教育的复杂性，语文教育在培养和提高学生
审美能力时，必须结合学生的具体个性特征，结合学生的世界观、
人生观的教育，生活经验和各类知识的教育，使他们有一个健康
向上的审美观，但又要尊重审美个性，使学生个性得以有效发展。
鼓励审美个性，即鼓励学生不仅仅要学会欣赏艺术品，而且能做

出自己的审美判断。对同一审美对象，不同的学生、不同的心境、不同的经历、学识和情感个性，就会有不同的审美意味和不同的理解。因此在教学中，教师不能事先就给某一审美材料规定一个统一的评价标准，而应充分地发挥学生的审美感受，鼓励学生用自己独特的视觉感受看艺术作品，使学生的情感与对象产生共鸣，审美的想象力自然会得到自由的发展。可见，鼓励学生的审美个性，可以启发同学们对审美意境理解的多元性、复杂性和深远性，从而提高学生的审美意识。

这样我们在教学中必须坚持相对客观的审美标准，使审美标准既能准确地反映审美对象，又能尊重学生的个性体验，张扬学生的审美个性。

### 5.3.3　适当借助审丑教育

纵观整个中学语文教材，不少作品在塑造正面形象的同时，也塑造了许多个性鲜明、形象生动的"丑"形象，使作品更具典型性和社会认识价值，如奥楚蔑洛夫、菲利普夫妇、胡屠户等人物。然而人们在教学过程中往往注重对作品正面形象的鉴赏，而忽略了对"丑"形象的品味。其实"丑"形象也是艺术审美的主要内容，同样具有审美价值，理应引起我们的重视，与美不但可以互相转化，而且可以由相互反衬而使美者愈美，丑者愈丑。教师要指导学生抓住作者的审丑情感，领悟创丑价值，以了解作品的立意和写作意图，审丑同样能提高学生的审美鉴赏力。

比如《皇帝的新装》《变色龙》具有强烈的美育功能，它们在教人们审美的同时还教人如何审丑，文中精心构思的情节和高度典型化、漫画化的丑陋形象是审丑的极好的教材。当然在审丑中我们应透过现象看本质，体味其中蕴含的深意，那种具有超越故事本身的某种普遍的象征意味。所以"审丑"具有审美不可替代的价值作用，美育的内容不应该仅仅只有审美还应该包括"审丑"。"审丑"在当今审美教育中具有现实作用，其重要的价值和功能在当代审美教育中是不可或缺的。

## 5.4　在语文教学中审美教育存在的问题

审美教育是教育的一个重要组成部分，其根本在于培育学生丰满的人格和纯净的心灵。语文审美教育就是要使学生在语文教育的情境中感受美所带来的心灵的愉悦与舒展，培养学生高雅的情趣，帮助学生树立美的理想，发展美的品格，形成美的人格。审美教育虽然得到了普遍重视，各国都在研究，但是国内外审美研究多是理论方面的阐述，针对审美教育的教学目的、过程教学结果制定相应的评价体系，还很不完善，无法从定性、定量上正确评估审美教育。在语文教学中审美教育主要存在着如下问题：

### 5.4.1　社会教育主管部门对教学质量的评价让语文审美教育举步维艰

当前中学语文教学中，审美教育存在的最大问题是社会、教育主管部门对教学质量期待和评价的问题，虽然现在教育主管部门注意到了应试教育的危害，提出"素质教育"的口号，但是对学校、对教师的考核还是主要看升学率、及格率、优秀率。这样的考核制度和评价制度最终还是将"素质教育"当成口号挂在嘴边，将"应试教育"作为实际行动进行到底。在这样的考核评价下、社会关注下教师只能无奈地把一篇篇饱含审美因子的美文肢解成几个十几个几十个知识点加以训练，审美教育成为零星点缀。

### 5.4.2 审美教育的理论研究和实践研究没有有机结合在一起

当前中学语文教学中，审美教育的理论研究和实践研究还没有有机结合在一起，从事理论研究的基本上都是教授或者专职的研究人员，他们缺乏在中学工作的经历，没有站在第一线，缺乏对一线教育现状的了解，缺乏对学生审美心理的把握，理论虽然很好，但是缺乏实际操作性。而工作在第一线的教师有很多工作的领悟、感悟，有很多实际的案例，但是这个仅仅局限在感悟上，不能形成理论。因为中学语文教师教学任务繁忙，对理论的东西钻研不深（虽然现在有教师的专业发展，有校本培训等，要教师成为一个研究者，成为学者而不是教书匠，但现实不容乐观）。理论的东西脱离了实践，不能很好地指导实践，实践缺乏理论的指导，也不能促进理论的发展。

当前中学语文教学中，对审美教育的评价缺乏系统性。审美教育虽然得到了普遍重视，各国都在研究，但是国内外审美研究多是理论方面的阐述，针对审美教育的教学目的、过程、教学结果制定相应的评价体系，还很不完善，无法从定性、定量上正确评估审美教育。

## 5.5　语文阅读教学中应对审美教学的对策

在社会上形成重视审美教育的风气，中国研究美学有名的是朱光潜先生，美学从大的方面讲就是真善美，就是世界事物的真善美，这就是美学的真谛。通过一线教师参加审美教育理论培训，利用团队合作提升自身素质，一线教师有着丰富的实践经验，熟知教学环节、教学内容等方面蕴含的审美因素，但欠缺的是审美教育方面的理论水平、理论修养。理论的东西可以通过培训获得，通过学习获得。因此，可以组织一线教师参加关于审美教育方面的专门培训，提高教师理论水平，让理论指导教师的教育实践。

另一方面，也可以利用团队合作来提升自身审美教育的素质和水平。"三人行，必有我师""三个臭皮匠，顶个诸葛亮"团队合作，取人之长补己之短，以己之长补人之短，大家共同进步也是提升自身素质和水平的一个办法。让科研单位的研究更贴近社会，现在有些科研单位的研究很前卫，但是贴近社会需要，直接起到效应的研究还可以更多一些。因为，理论来源于实践，实践才能检验理论，理论也只有与实践相结合才有意义。如果可以的话，让理论专家深入一线研究，这样的研究才更有意义。

百年大计，教育为本。教育虽不是万能的，但是教育却能塑造人。有人说"没有审美和艺术的人生不是完整的人生，没有审美教育的学校教育则不是健全的教育，不具备审美素质的教师也不是完全合格的教师，缺乏审美教育的语文课就不是成功的语文课"。随着时代的发展，社会的进步，审美教育越来越重要，它应该成为我们教育中不可或缺的一部分，应该让所有的教师都自觉地对学生进行审美教育，语文因为其学科的特殊性，语文教师更应该在语文课堂上对学生有意识地进行审美教育，利用"美"来塑造人、感化人，让"审美"成为一种习惯。本书从语文审美教育的内涵、特征及功能，语文审美教育的必要性和可行性方面进行了探讨，并试图得出语文审美教育的实施策略，为一线教师提供一些参考。

在现代语文教学过程中，应试教育把语文当作工具，这种功利性的目的，遏制了审美冲动，在教法上重理性分析，"单向灌输"的教学形式置文学作品和语文教学的固有特性、规律于不顾，用抽象的概念代替培养美的感情，用推理代替想象，用纯逻辑的枯燥乏味的分析或繁复零碎的训练代替对作品的美的感悟，形成了僵化的教学模式。审美教育的缺失，不能打动学生的心灵，也难以激起学生的学习兴趣，显然应试教育严重阻碍了学生的全面发展。受应试教育的影响，有的老师主张学生的审美理解、判断应该有统一的模式，于是又陷入僵化理解的泥潭之中。但实际上作品各有特点，千变万化，评判标准不能忽略美的客观性、独特性、共同性。因此，我们应该坚持审美的个性化与审美标准的统一性。从学生角度看，存在审美能力匮乏的状况。

反思这种现象，我们不得不重新审视我们的语文阅读教学。既然新课程标准的基本理念中提及到审美，既然语文呼唤审美，我们就完全有必要大胆地变理性教学为以美感为中心的感性教学。首先，树立大语文教学观，进一步提供审美教育机会。陶行知先生晚年针对书呆子现象，曾提出"亲民亲物亲赤子，问古问今问未来"的主张。这里的"三亲""三问"理应落实到大语文观的教学中去。语文教师可带领学生亲身体验，进入生活情景，解读"无字天书"一个人思想修养的高雅，德性操守的不俗，洞察是非的敏锐，情商智商的超群，绝非仅靠课堂上授受而获，更主要的则要在社会生活、人际交往、自主活动中获得。在写作教学的第一条就明示，要"善于观察生活，对自然、社会和人生有自己的感受和思考"，"观察"贵在"善于"，即留心观察，学会观察，多角度观察，看到从别人眼前晃过的人生百态，社会图景，"感受和思考"应是"自己的"，获取的感悟认知是与众不同的，有个性特质的。比如有计划、有目标、有侧重地开展社会调查、参观访问、社区服务、劳动锻炼等活动。语文的外延等于生活的外延，语文教学的资源是极丰富的。自然风光、文物古迹、风俗民情，国内外的重要事件，学生的家庭生活，以及日常的生活话题等，都可以成为语文教学的资源。语文教师应结合作文教学的实际需要，根据本地区实际情况，大力开发，积极利用，让学生感觉到美的灵光时时闪现。教师可利用课件，或采取录音、录像、制作电视教学片等多种形式，将"大社会"搬入"小课堂"，模拟或再现鲜活的生活图景，创设真实的写作氛围，唤起学生的写作激情。如从网络上摘取"最美的乡村女教师"图片，把真实的生活搬进语文课堂，让学生目睹生活中真实存在的美，抒发真实的情怀。再次教师可借助广播、电视、报纸、网络等新闻媒体，引发社会的热点，聚合争辩的焦点，激起学生"为时而著""为事而作"（白居易诗中语句），"指点江山，激扬文字"的写作使命感。如播放《感动中国》这一节目，使同学的内心受到震动，因感动而成文，自然言之动情入理。再如《百家讲坛》中于丹讲论语，在网络上引发了众多的争议，如何看待，学生尽可畅所欲言。通过这样的鉴赏，学生感受不到强迫接受知识，思维有自由飞翔的天空，自愿倾心赏美并能够陶醉于自己趣味无穷的体验与想象之中，产生称心快意的审美品味。此外，教师可借助眼前的情景或偶发事件，运用饱含激情的语言，牵引学生的思维，让其走进记忆的长河，重新浮现历历在目的生活片段，获取"一发而不可收"的写作欲望。如面对患有白血病去京治疗的同学的空位，引导学生回想在一起的岁月，重回记忆之河，找寻交往中的粒粒珍珠，引发学生的创作欲。当然优秀的文学作品总是社会的一面镜子，时代的良心。不少当代文学作品不仅语言美，而且形象鲜活，情感丰富，常常包蕴动人心魄的艺术美。课外广泛的阅读，开阔学生阅读的眼界也是树立"大语文"观的根本。这种阅读应该是一种投入的欣赏性阅读，应当以一种积极的审美心态，集中全部的心智去感受、理解、欣赏、评价文本中的人与事、景与物、理与情，不仅观其言，还要品其味，悟其神。"神游其间""浮想联翩""悠然心会"，"赏读"突出学生的主体阅读地位，保证学生宽松、自由、开放的阅读时空，让学生有时间读，有心境读，追求一种读书的无扰与无我，一种从容与自在，读出感觉来，读进作者的情感世界里，把一颗稚气、水一般澄明的心灵放飞于语言的天空里，从而产生或喜或悲，或敬或憎的情感体验，为人生的未来发展构筑起一座精神的家园。这不仅是一时的语文教学，而是给予学生终生的财富了。总之，教师应将单纯的课堂写作教学延伸到对周围人和事的留心感悟，延伸到对各种社会现象媒体热点的激扬品评，延伸到对奇异莫测的自然现象的深沉关照，通过对百态人生的深刻体味，对芜杂现象的扬善惩恶，对生活哲理的反复验证，锻造自己的思想道德个性、哲理个性和情感个性。见微知著，拨沙捡金，倍加珍视诸如善良、体恤、亲和、仁慈、友爱、互助、谦恭、诚信等人格中最重要最美好德性的培养，潜心于平凡而伟大的人性美的发掘和弘扬，为自己的创作时时填充丰富的养料。为语文的审美教育提供更广阔的空间。

# 结　语

　　审美性语文教学要求我们以审美为核心获取真知和思想，以人的素质为目标，使广泛的审美性成为学生掌握知识的先导。苏霍姆林斯基指出"情感状态产生一种巨大的循环力，影响少年的智慧和全部智力活动"。他还形象地说："美是一种心灵体操——它使我们精神正直，良心纯洁，情感和信念端正。"我们应积极创造和利用语文教学中美的因素去培养学生正确的世界观和高尚的道德情操，充分发掘和发挥语文教学的灵性，加强语文教学中的美育功能，深化教育改革。总之，在探索和实践中使我们深深认识到，运用美育原理去指导语文教学活动，可以更好地提高学生学习语文课程的兴趣，开发学生的智慧，更重要的是启迪学生的心灵，赋予了学生一双善于发现美的眼睛。

　　美，是语文教学的最高境界。语文，既是一门工具性的学科，又是一门人文性的学科。它对于提高学生的思想素质、文化素质，提高国民的综合素质，都具有重要意义。如果脱离审美教育，语文教学那将是生硬枯燥、事倍功半的。语文教学如何使学生在学习一篇篇古今中外优秀作品，在掌握语文基础知识、规律的同时，受到美的熏陶，唯有美育，才能使我们的语文教学在应试与素质中找到一条生存的道路。因此，我们的语文教学工作者要努力学习和借鉴前人在语文教学中的宝贵经验财富，在此基础上，努力挖掘和开发教材、教学活动、老师身上的审美因素，并结合学生的知识基础和审美心理，努力追求语文教学的审美化，把深奥的知识传授和动情的美感体验结合起来，引领学生去感受美、理解美、鉴赏美和创造美，为提高学生的语文素养和促进学生的全面和谐，探索出一条行之有效的道路。

在语文阅读教学中进行审美教育，是一种感性教育、趣味教育、人格教育，是通过升华学生的感性认识来激发他们的学习兴趣，进而促进人格完善的一种教育形式。审美教育不仅能陶冶情操，提高素养，而且有助于开发智力，对于促进学生的全面发展有不可替代的作用。它有助于学生树立正确的审美观念，强化审美意识，并提高感受美、鉴赏美、创造美的能力，在潜移默化中进行人生的思考，建立起健康独立的人格，个性得到全面的发展。

因此，审美教育是语文教学的重要组成部分，发现美、感受美、欣赏美、创造美，是一个接受基础教育的学生所应具备的基本能力。挖掘阅读材料中蕴含的丰富的审美因素，通过阅读教学对学生进行审美教育成为语文教学中必不可少的组成部分。语文教师要自觉运用美学规律，采用多种富于变化的美的教学方法，把审美教育贯穿于阅读教学之中，有目的、有步骤地引导学生在阅读活动中感知美、想象美、体验美、理解美，获得审美的愉悦，形成审美感受能力和情感体验，并积累美感经验，从而提高学生的审美水平并逐渐形成较为稳定的美的感受和习惯。

实践证明：语文阅读教学离不开美的融入，失去美，教学就失去了生命力和感染力。尽管在当前以中考为唯一评价尺度的教育现状下，要使阅读教学真正"美"起来十分不易，但是我们应当看到社会的发展和人性的要求决定了人文主义必将成为 21 世纪的社会思潮，而这一点又必然决定了科学人文主义教育目的观将成为 21 世纪占主导地位的教育目的观。在科学的基础上更多地承担起人文的责任，便成为语文教学责无旁贷的历史使命。可惜的是目前不少语文教师没有把审美教育提到一定的高度。在阅读教学中力求把握住审美教育这条线，从多方面、多角度有效地培养学生的审美素质，使学生在审美活动中阅读和理解文章，在文、情、理的交融中接受知识、发展语言，从而升华美的情感，培养美的想象，激发美的发现，形成正确的人生观。

# 参考文献

[1] 叶圣陶．叶圣陶语文教育论集［M］．北京：教育科学出版社，1980

[2] 乌申斯基．祖国语言［M］．南京：江苏教育出版社，1987

[3] 蔡元培美学文选［C］．北京：北京大学出版社，1983

[4] 万福成，李戒．语文教育美学论［M］．青岛：青岛海洋出版社，2001

[5] 陈澄华．谈中学语文教学的审美教育［J］．集宁师专学报，1980

[6] 列·符·赞可夫．和教师的谈话［M］．北京：教育科学出版社，1980

[7] 马克思、恩格斯全集［M］．北京：人民出版社，1962

[8] 鲍列夫．美学［M］。北京：中国文联出版公司，1986

[9] 朱光潜．谈美书简［M］．北京：人民文学出版社，2003

[10] 曹明海丈体鉴赏艺术论［M］济南：山东文艺出版社，1992

[11] 鲁迅．鲁迅全集第8卷［M］．北京：人民文学出版社，1963

[12] 赞可夫．教学与发展［M1.北京：人民教育出版社，1985

[14] 瑜青. 黑格尔经典文存 [M]. 上海：上海大学出版社，2001

[15] 罗丹. 罗丹艺术论 [M]. 北京：人民美术出版社，1978.5

[16] 苏霍姆林斯基. 给教师的建议（上）[M]. 北京：教育科学出版社，2000

[17] 郑明华. 追寻美的足迹再现美的情景 [J]. 云南教育，2002.34

[18] 朱光潜. 论文学 [M]. 桂林：广西师范大学出版社，2004

[19] 鲁迅. 二心集 [C]. 北京：人民文学出版社，1980

[20] 徐龙年，叶圣陶的语文教育思想高师院校写作教学 [J]. 中国大学教学，2007.10

[21] 张焕庭. 西方资产阶级教育论著选 [M]. 北京：人民教育出版社，1979

[22] 苏霍姆林斯基. 培养集体的方法 [M]. 合肥：安徽教育出版社，1987

[23] 陈黎明，林化君. 20世纪中国语文教学 [M]. 青岛：青岛海洋大学出版社，2003

[24] 程凯，王非，赵振海. 普通中学概论 [M]. 开封：河南大学出版社，1990

[25] 张晖新. 课程的教学改革 [M]. 北京：首都师范大学

出版社，2001

[26] 杨光，邓丽娟．生命审美教育［M］．太原：山西教育出版社，2004

[27] 陈桂生．教育实话［M］．上海：华东师范大学出版社，2005

[28] 常春元．美学原理［M］．石家庄：河北美术出版社，2000

[29] 孙俊三．教育过程的美学意蕴［M］．长沙：湖南师范大学出版社，2006

[30] 饶杰腾．语文学科教育探索［M］．北京：首都师范大学出版社，2000

[31] 赵伶俐，汪宏．百年中国美育［M］．北京：高等教育出版社，2006

[32] 张大均．教育心理学［M］．北京：人民教育出版社，2006

[33] 许嘉璐．中国中学教学百科全书语文卷［M］．沈阳：沈阳出版社，1991

[34] 谢祥清．素质教育导论［M］．长沙：湖南师范大学出版社，2006

[35] 李吉林．李吉林文集（卷一）［M］．北京：人民教育出版社，2006

[36] 王家伦，韩星婴。工具．人文·艺术［M］．北京：中国

文史出版社，2005

[37] 李景华．教学艺术散论 [M]．北京：中国文联出版社，1999

[38] 韩雪屏．语文教育的心理学原理 [M]．上海：上海教育出版社，2001

[39] 童庆炳．文学活动的美学阐释 [M]．西安：陕西人民出版社，1992

[40] 潘凯堆．文学批评学 [M]．北京：人民文学出版社，1991

[41] 倪文锦．语文教育展望 [M]．上海：华东师范大学出版社，2002

[42] 皮连生．学与教的心理学 [M]．上海：华东师范大学出版社，1997

[43] 周浩波．教育哲学 [M]．北京：人民教育出版社，2000

[44] 项贤明．泛教育论 [M]．西安：陕西教育出版社，2002

[45] 李定仁．教学论研究二十年 [M]．北京：人民教育出版社，2001

[46] 商继宗．中小学比较教育学 [M]．北京：人民教育出版社，1994

[47] 黎锦熙．新著国语教学法 [M]．上海：商务印书馆，1924

[48] 钱梦龙．导读的艺术 [M]．北京：人民教育出版社，

1995

[49] 蔡澄清. 蔡澄清中学语文点拨教学法 [M]. 济南：山东教育出版社，2000

[50] 张志公. 传统语文教育教材论 [M]. 上海：上海教育出版社，1992